모두의 이해력

모두의 이해력

공부, 일, 인생까지 편해지는 생각의 기술

인 쇄 2023년 04월 14일 초판 1쇄
발 행 2023년 04월 28일 초판 1쇄

저 자 야마구치 다쿠로(山口拓朗)
역 자 노경아
발행인 성희령
기획팀 채희만, 임민정 | **영업팀** 최형진, 이호준 | **마케팅팀** 한석범 | **편집팀** 임유리, 강미연 | **경영관리팀** 이승희
발행처 INFINITYBOOKS | **브랜드** 인라우드
주 소 경기도 고양시 일산동구 하늘마을로 158 대방트리플라온 C동 209호
대표전화 02-302-8441 | **팩스** 02-6085-0777

도서문의 및 A/S지원
홈페이지 www.infinitybooks.co.kr | **이메일** helloworld@infinitybooks.co.kr
ISBN 979-11-92373-17-1 | **등록번호** 제25100-2013-152호 | **판매정가** 18,000원

- 인라우드는 인피니티북스(주)의 브랜드입니다.
- 파본은 구입처에서 교환하여 드립니다.

모두의 이해력

야마구치 다쿠로 지음 ㅣ 노경아 옮김

공부, 일, 인생까지 편해지는 생각의 기술

인라우드
INLOUD

들어가며

'이해력'이란 과연 무엇입니까? 누군가 그렇게 물으면 저는 이렇게 대답하겠습니다.

'대충 이해하기'라는 벽을 넘어서서 깊은 이해로 발을 내딛는 힘을 말합니다.

'뜬구름 잡는 소리'라고 생각하는 분도 계실 겁니다.

그래도 저의 답은 똑같습니다.

혹시 이런 답을 기대하셨나요?

"이해력이란 사물의 구조나 상황, 관계성 등을 바르게

파악하는 힘을 말합니다"

물론 이 말도 맞는 답입니다. 우리가 이 책의 노하우를 다 읽고 실천한 후에 도달할 목표 지점이기도 하죠.

그러나 그 지점에 도달하려면 우선은 '대충 이해하기'라는 벽을 넘어서서 깊은 이해로 발을 내딛는 힘이 필요합니다.

'대충 이해했다'라고 생각하는 순간, 이해력은 성장을 멈춥니다.

이 책의 내용을 전부 잊더라도 이 표어만은 기억하시기 바랍니다.

'대충 이해하기'라는 벽을 넘어서자!

서문

혹시 이런 말을 들어 본 적이 있나요?

"왜 말한 대로 실천하지 못해?"

"무슨 뜻인지 알겠어?"

"글을 똑바로 읽긴 한 거야?"

"몇 번을 말해야 알아들어?"

"누가 그렇게 하라고 했어?"

아니면 혼자 이렇게 생각한 적은 없나요?

'(머릿속이 하얘져서) 정보가 눈에 하나도 들어오지 않아'

'복잡해서 무슨 말인지 전혀 모르겠어'

'내가 뭘 모르는지조차 모르겠어'

'다들 머리가 좋은가 봐'

이해력은 사람과 소통하기 위해, 또는 어떤 행동을 개시하기 위해 꼭 필요한 능력입니다.

상대의 말을 이해하지 못하면 당장의 대화뿐만 아니라 이후의 소통에서도 오해가 생기기 쉽습니다. 뜻밖의 갈등이 일어날 수도 있겠죠.

또 얕은 이해만으로 행동하면 실수할 위험이 커지므로 직장에서는 물론이고 시험이나 면접 등에서도 좋은 결과를 얻기 어렵습니다.

직장인이라면 이해가 부족할 때 다음과 같은 문제가 생기기 쉽습니다.

- 업무에서 성과를 내지 못한다.
- 남에게 의사를 잘 전달하지 못한다.
- 남에게 폐를 끼친다.

- 남에게 오해를 산다.
- 실패하여 재도전하는 일이 많아진다.
- 업무 속도가 느려진다.
- 남에게 불쾌감을 준다.

'나는 일을 못 한다'라며 고민하는 사람의 대부분은 사실 '이해도가 낮다'라는 특징이 있습니다.

축구 규칙을 이해하지 못한 채 축구 경기에 출전하면 상대 선수를 무작정 넘어뜨리거나 공을 손에 들고 골문으로 돌진해서 레드카드를 받기 쉽습니다.

물론 어떤 능력이든 개인차가 있습니다.

여기서 그 차이를 말할 생각은 없습니다.

대신에 의식과 행동을 아주 조금만 바꿔도 누구나 강화할 수 있는 능력인 이해력에 대해 말하려 합니다.

이 책에서 여러분의 이해력을 '성장'시킬 방법을 말씀드리겠습니다.

모든 일은 '이해'에서 시작됩니다.

모든 인간관계는 '이해'에서 시작됩니다.

모든 행동은 '이해'에서 시작됩니다.

이해력을 단련하면 일과 공부, 인간관계의 성과가 올라가고, 나아가 인생의 질이 향상됩니다.

'이해력이 뛰어난 사람'은 어떤 사람이라고 생각하시나요?

정보를 접하자마자 순간적으로 본질을 파악하는 사람, 즉 '통찰력 있는 사람'이 아닐까요?

그중에는 '하나를 들으면 열을 아는' 달인도 가끔 있습니다.

'당의즉묘(當意卽妙)'라는 말이 있습니다. '임기응변'과 비슷한 말로, '즉석에서 기지를 발휘하여 상황에 적절하게 행동한다'라는 뜻입니다. 이해력이 뛰어나면 이런 대담한 기술도 구사할 수 있습니다.

그 외에도 이해력 있는 사람에게는 이런 장점이 있습니다.

- 상대와 부드럽게 소통한다.
- 정보를 쉽게 전달한다(가르친다).
- 사물을 바르게 평가 · 분석한다.
- 아이디어를 잘 낸다.
- 상황에 적합하게 행동한다.
- 망설임 없이 목표나 꿈을 향해 돌진한다.
- 상대에게 필요한 것을 준다.
- 인공지능 시대에도 필요한 인재로 활약한다.

일 잘하는 사람이 되고 싶다면 혹은 소통 능력을 높이고 싶다면 반드시 이해력을 강화해야 합니다.

이해란 상황, 상태, 본질, 방법, 구조, 분위기, 목적 등을 바르게 아는 일, 다시 말해 세상을 바르게 아는 일입니다.

이해력을 연마하면 인생 전반에 큰 보답이 있을 것입니다.

하지만 유감스럽게도 학교에서는 이해하는 법을 가르치지 않습니다.

"지금부터 이해하는 방법을 가르치겠어요"

이렇게 말하는 교사를 보신 적이 있나요? 아마 없을 것입니다.

그래서 이 책이 태어났습니다.

이 책은 학교 교육이 다루지 않았던 '이해하는 방법'을 해설하려 합니다.

여러분의 이해력을 높이는 데 도움이 된다면 무척 기쁘겠습니다.

차 례

제 1 장

이해력을 높이는 방법

1

'이해력'이란 무엇인가

나는 이해력을 어떻게 높였는가

제 이해력 수준이 원래부터 지금처럼 높았을까요?

그렇지 않습니다.

적어도 사회에 진출하기 전까지는 평균이거나 그보다 못한 수준이었지만 특정한 시기에 확 높아진 이후 지금까지 유지되고 있습니다.

특정한 시기란 출판사에서 기자와 편집자로 일하던 때

였습니다.

기자였을 때 저는 온 나라를 돌아다니며 한 달에 몇십 명이나 되는 사람을 취재하고 인터뷰 내용을 기사로 만들어 잡지에 싣는 일을 했습니다.

당시의 정보 흐름을 요약하면 '취재로 얻은 정보를 이해한다 → 이해를 바탕으로 기사를 작성한다'가 되겠네요.

취재 기사를 작성할 때 가장 중요한 작업은 취재 대상자에게서 정보를 도출하고 그 정보를 이해하는 일이었습니다.

상대에게서 매력적인 정보를 도출하려면 이야기 내용뿐만 아니라, 이야기의 배경이나 전제까지 잘 이해해야 합니다.

그러려면 상대의 말과 표정, 행동 등에서 정보를 찾아내는 '통찰력'이 꼭 필요했죠.

입사 후 한동안은 취재 대상자가 무슨 말을 하는지 제대로 이해하지 못해서 머릿속이 물음표로 가득 찰 때가 많았습니다.

물론 지식이 부족하기도 했지만, 무엇보다 제가 이해에 필요한 핵심을 전혀 파악하지 못한 탓이었습니다.

결국 내용을 오해하여 잘못된 정보를 기사로 내보낸 적도 있습니다.

그때는 편집장에게 호되게 야단을 맞았습니다. 기자가 내용을 오해하여 잘못된 정보를 실으면 잡지의 신뢰도가 떨어질 것이 뻔하니까요.

좋은 기사를 쓰려면 아무래도 일정 수준 이상의 '이해력'이 필요하다는 생각이 들었습니다.

이후 저는 취재 대상자의 말을 똑바로 이해할 만큼의 이해력을 확보하기 위해 이런저런 궁리를 거듭했습니다.

그래서 이 책도 집필할 수 있었습니다. 제가 이해력을 어떻게 곱절로 늘렸는지, 그 비결이 고스란히 담겨 있습니다. 이해력이 부족한 사람일수록 제가 소개하는 방법이 큰 도움이 되리라 생각합니다.

당신은 '무엇을' '얼마나' 이해하는가

갑작스럽지만 문제를 하나 내겠습니다. 냉장고란 무엇일까요?

"네? 냉장고요? 식품을 저온으로 보관하는 가전제품 아닌가요?"

여러분도 비슷한 대답을 떠올렸겠죠? 분명 맞는 말입니다.

하지만 그렇다고 해서 여러분이 냉장고를 제대로 '이해한다'라고 할 수 있을까요?

아닙니다. 앞의 답변은 그저 여러분이 '냉장고의 사용 목적'을 이해하고 있다는 증거일 뿐입니다.

그렇다면 이건 어떨까요? 아래의 ①과 ②를 설명해 보세요.

① 냉장고가 온도를 낮추는 원리

② 냉장고의 발상과 역사

고개를 절레절레 흔든 분들이 많았으려나요?

아마 대부분이 ①, ②를 전혀 설명하지 못하고 일부는 아주 조금만 설명할 수 있겠죠. 극소수만이 ①, ②를 자세히 설명할 수 있을 겁니다.

다시 말해 우리는 '냉장고의 사용 목적'은 이해하지만 다른 관련 정보는 그다지, 아니, 대부분 이해하지 못하고 있습니다.

이처럼 이해 대상의 어느 측면을 주목하느냐에 따라 이해의 '유무'와 그 이해의 '수준'이 달라지므로 어떤 사물에 대해서든 '무엇을' '얼마나' 이해하고 있는지 수시로 점검할 필요가 있습니다.

2

먼저 '이해 상자'를 늘려라

'이해 상자'란

사람은 무엇이든 '이해 상자'를 통해 이해합니다.

영화를 볼 때도 자신의 머릿속에 있는 '이해 상자'를 통해 작품을 이해합니다.

그래서 똑같은 영화를 보더라도 '이야기'라는 이해 상자밖에 없는 사람은 이야기가 '있느냐, 없느냐', 그리고 이야기가 '재미있느냐, 없느냐'를 기준으로 영화를 즐기거나 평가합니다.

한편 '감정 묘사'나 '사회문제'라는 이해 상자까지 갖춘 사람은 거기에 그치지 않습니다. 비록 이야기가 단조로울지라도 '감정 묘사'라는 상자를 통해 '주인공을 죽인 가해자의 마음도 이해가 간다'라고 느끼거나, '사회문제'라는 상자를 통해 '형기를 마친 범죄자에게 너무 가혹한 우리 사회의 축소판 같았다'라고 생각할 수 있습니다.

'이야기'라는 이해 상자밖에 없는 사람에게서는 이런 감상이나 의견을 찾아보기 어렵습니다.

다시 말해 '이해 상자가 없는 상태'란 곧 '무언가에 대해 (자발적으로) 생각할 수 없는 상태'라 할 수 있습니다.

'생각이 깊다 · 얕다'라는 표현을 자주 쓰는데, 어떤 사람이 생각이 깊은 사람일까요?

간단합니다.

이해 상자가 많은 사람일수록 생각이 깊고 이해 상자가 적은 사람일수록 생각이 얕습니다.

이해 상자가 많아야 다양한 각도에서 사물을 깊이 이해

할 수 있기 때문입니다.

그래야만 본질적인 이해에 도달할 수 있습니다.

업무를 진행할 때도 마찬가지입니다.

여러분은 현재 추진 중인 기획이나 상품, 프로젝트, 고객에 관한 '이해 상자'를 얼마나 갖고 있습니까?

유능한 사람일수록 다양한 이해 상자를 갖고 있으므로 상황을 다양한 측면에서 이해하여 효율적으로 성과를 올릴 수 있습니다.

거듭 말하지만 '이해 상자'의 수와 종류를 늘리지 않고서는 결코 이해력을 높일 수 없습니다.

'대충 이해하기'라는 강적

이해의 최대의 적은 무엇일까요? 바로 '대충 이해하기' 입니다.

앞에서 말한 영화 감상을 예로 들어 보겠습니다.

'이야기'라는 이해 상자밖에 갖지 못한 사람에게는 이야기를 이해하는 일이 곧 영화를 이해하는 일입니다.

그가 '영화를 이해했다'라고 해도 그것은 '대충 이해한 상태'일 뿐입니다.

하지만 본인은 '더 이해할 것이 없다'라고 생각하겠죠.

사실 본인으로서는 산뜻하고 기분 좋은 상태일 것입니다.

여기에 '대충 이해하기'의 위험성이 있습니다.

'더 이해할 것이 없다'라고 느끼는 사람의 사고는 결코 더 깊은 차원으로 나아가지 못합니다. '감정 묘사'나 '사회문제' 따위는 생각나지도 않으니까요.

'대충 이해했다'라고 생각하는 사람의 시야는 좁고도 짧습니다.

그래서 자신의 이해가 얕고 부족한 점조차 알아채지 못합니다.

한편 '감정 묘사'나 '사회문제'라는 '이해 상자'를 가진 사람은 더 깊은 차원으로 이해를 심화합니다.

그들은 '이야기' 외의 다른 상자를 활용하여 '주인공은 왜 그렇게 행동했을까?', '이 작품의 배경에는 어떤 사회 문제가 숨어 있을까?', '감독은 이 장면을 왜 이 각도로 촬영했을까?'라고 자문합니다. 이야기 외의 다른 관점을 적용하여 사고하기 때문입니다.

그 결과, 생각을 여러 방향으로 전개하여 깊은 이해에 다다를 수 있습니다.

이처럼 다양한 관점으로 이해를 심화하는 사람과 단순하게 이해하고 끝나는 사람은 이해의 깊이가 너무 다른 탓에 서로 말이 통하지 않을 때가 많습니다.

이해력이 높은 사람일수록 무언가를 '이해했다'라는 느낌이 들더라도 안심하지 않습니다. 그들은 '혹시 내가 이해했다고 착각하는 건 아닐까?', '다른 각도에서 이해를 더 심화할 수 있지 않을까?'라고 자신을 의심하는 습관이 몸에 배어 있습니다.

또 '이해하지 못한 상태'에서 '대충 이해한 상태'까지

나아간 점에 만족하거나 안심하지 않습니다. 언제나 '더 깊이 이해하고 싶다'라는 생각으로 사고 회로를 계속 돌리죠.

그런 집요한 자세가 '다양한 관점으로 넓게 보는 눈'과 '깊이 파고들어 살펴보는 눈'을 길러내고 새로운 '이해 상자'를 만들어 냅니다.

이해력을 높이고 싶다면 '내가 대충 이해하고 만족하려는 것은 아닐까?'라고 자신에게 끝없이 묻는 습관을 들여야 합니다.

아직 발견하지 못한 무언가가 늘 존재한다는 사실을 잊지 마세요. 그것이 바로 '이해 상자'를 늘리는 첫걸음입니다.

이해 상자 = 스키마

인지심리학에는 '스키마 이론'이라는 용어가 있습니다. '스키마'란 사람의 '정보 이해 과정'을 설명할 때 쓰이는 개념 중 하나로, 간단히 말해 '사람이 새로운 정보를 이해하기 위해 활용하는 기존 정보의 틀이나 개념'을 뜻합니다.

이 '스키마'가 바로 앞에서 말한 '이해 상자'입니다.

사람은 새로운 정보를 이해할 때마다 머릿속에 이미 존재하는 '이해 상자'를 활용합니다.

'이해 상자'가 많을수록, 또 상자 안의 정보가 충실할수록, 신속하고도 정확하게 새로운 정보를 이해할 수 있습니다.

아래의 ①~③은 어떤 물건에 대한 설명입니다.

이 물건은 무엇일까요?

① 전기 진동을 음파로 바꾸는 변환기의 일종이다.

② 라디오나 TV, 오디오 기기 등에서 나오는 음성을 들을 때 쓴다.

③ 귓속의 고막 가까이에 위치하여 음성을 송출하므로 울림을 강하게 느낄 수 있다.

답은 '이어폰'입니다. ①이나 ②만 읽고 정답을 맞힌 분도 있겠지만 그 단계에서는 '스피커'나 '헤드폰'을 떠올리기 쉽습니다.

③ '고막 가까이에 위치하여 음성을 송출한다'까지 읽어야 정답이 '이어폰'임을 확신하게 되죠.

우리는 ①~③의 정보를 듣고 '이어폰'이라는 정답을 어떻게 맞혔을까요?

우리 머릿속에 '이어폰'에 대한 일반 지식(= 이해 상자)이 존재하기 때문입니다.

이어폰이라는 '이해 상자' 안에는 '귀에 삽입하는 소형 스피커다' 등의 세세한 정보가 무수히 들어 있습니다.

그래서 이어폰을 한 번도 써보지 못한 사람이나 이어폰의 존재를 모르는 사람은 ①~③의 정보를 접하고서도 '이어폰'이라는 정답을 맞히기 어렵습니다.

업무에도 똑같은 원리가 적용됩니다.

일반적으로는 1년 차 사회인보다 5년 차 사회인이 일을 더 잘하기 마련입니다.

연차가 쌓일수록 일에 관한 '이해 상자'가 늘어나기 때문입니다.

실무를 진행하다 보면 기획서 쓰는 법, 신상품 개발하는 법, 고객 응대하는 법, 신규 고객 확보하는 법, 회의에서 의사결정 하는 법 등 다양한 경험과 지식이 수많은 '이해 상자'가 되어 뇌 속에 보관됩니다.

이처럼 뇌 속 자료실을 풍성하게 채울 뿐만 아니라 이해 상자를 늘 활성화된 상태로 유지해야 합니다. 그래야만 새로운 정보를 접할 때마다 본질을 빠르고 정확하게 이해할 수 있습니다.

그러면 '말하기, 쓰기, 행동하기'를 통해 자신의 이해를 표현하는 능력도 자연스럽게 향상될 것입니다.

요컨대 이 책에서 말하는 '이해력 향상'의 비결이란 '뇌 속 자료실에 이해 상자를 되도록 많이 보관하고 그것을 활성화하는 것'이라고 말할 수 있습니다.

뇌 속 자료실에 '이해 상자'를 늘리자

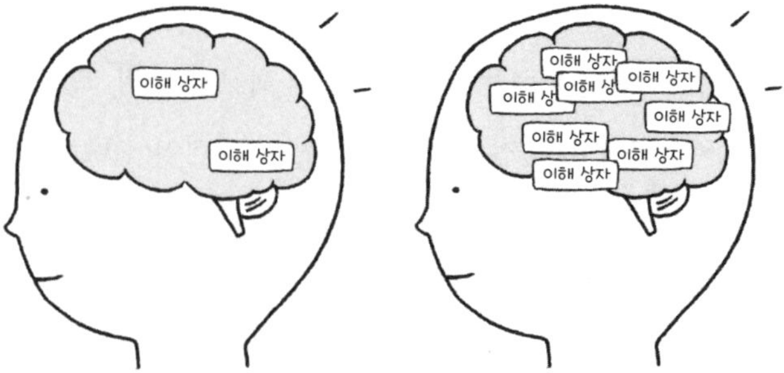

이해 상자가 적으면 정확한 판단을 내릴 수 없다.	이해 상자가 많을수록 무엇이든 정확히 이해할 수 있다.

다양한 상황을 빠르고 정확하게 이해하는 능력을 기르려면 이해 상자부터 많이 만들어야 한다.

독해에 꼭 필요한 '상상력' ①

우리는 글을 읽을 때도 크고 작은 '이해 상자'를 활용합니다.

> C사와 논의한 끝에 강연회 장소와 봄에 발매할 상품 Z의 판매 계획을 확정했습니다. 객석 배치에 관해서는 다음주 회의 때 논의하겠습니다.

아마 여러분 대부분이 위의 글을 '일단' 이해했을 것입니다.

'일단 이해했다'라는 말은 '무슨 글자가 쓰여 있는지는 읽었다'라는 뜻입니다.

그러면 이제 글의 의미를 이해할 차례입니다. 글에 언급된 '객석 배치'란 어디의 '객석 배치'를 가리킬까요?

그렇습니다. 강연회 장소의 '객석 배치'입니다.

그런데 신기하지 않습니까?

'객석 배치'라고만 썼는데 우리는 어떻게 '강연회 장소의 객석 배치'인 것을 알아챘을까요?

우리가 뇌 속 자료실에 있는 '이해 상자'를 활용하여 의미를 추측했기 때문입니다.

- 강연회 장소
- 봄에 발매될 상품 Z의 판매 계획

이 두 가지 중 '객석 배치'와 밀접한 관련이 있는 항목은 '강연회 장소'입니다.

'강연회 장소'라는 단어는 우리 뇌 속에서 '장소의 규모', '진입 경로', '대략적 구조', '최대 수용 인원', '대여료' 등 다양한 정보와 이어져 있습니다.

이렇게 만들어진 정보 덩어리가 바로 '강연회 장소에 대한 이해 상자'입니다.

뇌 속 자료실에 이 상자가 있어서 우리는 앞의 글을 이해할 수 있었습니다.

한편 '봄에 발매될 상품 Z의 판매 계획'이라는 상자 안에는 '객석 배치'와 이어진 정보가 없습니다.

우리는 이처럼 어떤 정보를 접하든 각각의 정보가 서로

어떻게 연결되어 있는지 순간적으로 판단합니다.

그러면 다음 글도 읽어 볼까요?

> C사와 논의한 끝에 강연회 장소와 봄에 발매할 상품 Z의 판매 계획을 확정했습니다. 가격에 관해서는 다음주 회의 때 논의하겠습니다.

여기 언급된 '가격'은 '무엇의 가격'을 의미할까요?

- 강연회 입장권
- 봄에 발매될 상품 Z

둘 다 '가격'과 관련성이 있으므로 둘 중 무엇을 의미하는지 판단하기 어렵습니다.

'가격'이란 강연회 입장권의 가격을 의미할 수도 있고 상품 Z의 가격을 의미할 수도 있습니다.

'객석 배치'를 '가격'으로 바꾸기만 했는데 문장의 의미가 모호해졌습니다.

당연히 글을 꼼꼼하게 읽고 그 안의 정보를 이해하는 능력은 무척 중요합니다.

그러나 글 자체를 완벽히 이해한다고 해서 필요한 정보를 다 얻지는 못합니다. 정보의 진위, 정보와 정보 사이의 관계성이 글(말)에 드러나지 않을 때가 있기 때문입니다.

그러므로 글이나 말을 접할 때는 '글에 담기지 않은(숨은) 정보'까지 능동적으로 추측할 필요가 있습니다.

독해에 꼭 필요한 '상상력' ②

사람은 소설 등 꾸며낸 이야기를 읽을 때도 상상력을 발휘합니다.

"우리 경수, 오랜만이네. 잘 지냈지? 밥은 잘 챙겨먹고 있어?"

"응, 잘 지내. 모레 면접 볼 거야. 아침 9시."

"그렇구나. 이번엔 잘 되면 좋겠다. 알람 꼭 켜 두고 자."

"괜찮아. 경호한테도 모닝콜 해 달라고 했어."

"혹시 모르니 알람도 여러 개 준비해 놓고."

"알았어. 걱정 안 해도 돼."

"긴장하지 말고 면접 잘 보고 오렴."

"아, 그건 문제없어. 구직 베테랑이니까(웃음)."

"어휴, 진짜! 그래서 더 걱정하는 것 아니니!"

여러분은 이 대화를 읽고 무엇을 이해했나요?

- 경수가 모레 면접을 본다.

이 정보는 누구나 이해했으리라 생각합니다.

그런데 그뿐만 아니라 다음 사실들도 눈치채지 않았나요?

- 경수는 아침에 일찍 일어나지 못한다.
- 경수는 직장을 구하고 있다.
- 경수는 면접에 여러 번 떨어졌다.

이 정보는 대화에 직접적으로 언급되지 않았습니다.

그런데도 여러분은 글에 드러나지 않은 정보를 추측으

로 알아냈습니다.

여러분이 두 사람이 내뱉은 말(정보)을 뇌 속 자료실에 있는 '이해 상자'를 통해 이해했기 때문입니다.

여러분은 경수의 대화 상대가 뜬금없이 "알람 꼭 켜고 자"라고 말한 것도 모자라 "알람을 여러 개 준비해 놔"라고 거듭 확인하는 모습을 보고 '경수가 아침에 일찍 일어나지 못하는구나'라고 생각했을 것입니다.

"이번엔 잘 되면 좋겠다", "구직 베테랑이니까"라는 말에서는 '경수가 면접에 여러 번 떨어졌다'라는 사실을 추측했을 테고요.

물론 이 대화만으로 추측할 수 없는 사실도 있습니다.

예를 들어 경수와 이야기하는 사람이 누구인지 알 수 없습니다.

하지만 '경수의 어머니'라고 추측한 사람이 많았을 것입니다.

왜 그렇게 추측했을까요?

어머니가 아니라 연인일 가능성은 없을까요?

사실은 연인이거나 친구일 수도 있는데 말이죠.

여러분이 그렇게 추측한 이유도 '이해 상자' 때문입니다.

글을 읽으면서 여러분은 뇌 속 자료실에 있는 '모자 관계', '연인 관계', '친구 관계' 등 몇몇 '이해 상자'를 열어 보았겠죠.

그리고 경수를 대하는 말투나 경수를 지나치게 걱정하는 모습을 보고 '어머니일 가능성이 크다'라고 판단했을 것입니다.

그렇다면 경호는 또 누구일까요? 대화에는 경호에 관한 단서가 전혀 없습니다.

경호는 경수의 형제일 수도 있고 친구일 수도 있습니다. 다만 편하게 모닝콜을 부탁하는 모습을 보니 흉허물 없는 사이임은 확실합니다.

우리는 이처럼 글을 읽을 때마다 겉으로 드러나지 않은 의미(행간, 문맥)를 추측합니다. 그러면서 글 내용을 이미 아는 지식이나 말(= 이해 상자)과 비교, 분석합니다.

이때 필요한 상상력은 나중에 말할 '문맥 이해'에서도 크게 활약할 것입니다.

이런 상상력을 발휘하기 위해서는 뇌 속 자료실을 알차게 채우고 활성화해야 합니다.

그러려면 평소에 '이해 상자'를 최대로 가동하면서 의미를 적극적으로 추측하는 습관을 들여야겠죠.

추측을 게을리하면 '이해 상자'가 활성화되지 않습니다.

그러다 보면 어느 순간 그 '이해 상자'를 쓸 수 없게 됩니다.

모든 상황에서 다양한 관점으로 의미를 추측하는 습관을 들여서 '이해 상자'를 수시로 활성화합시다.

3

'이해력'의 필수 요소

이해의 네 가지 방식

우리는 평소에 어떤 방식으로 정보를 이해할까요?

이해의 대표적인 방식으로 '듣기', '읽기', '체험하기', '사고하기'를 들 수 있습니다.

이 네 가지 방식을 숙지하고, 각각의 방식으로 '이해하려 하는 자신'을 늘 자각함으로써 이해력을 효과적으로 높일 수 있습니다.

• 듣기

'말을 듣는 행위'는 사람이 무언가를 이해하는 가장 중요한 방식 중 하나입니다. 일할 때도 회의, 영업, 교섭, 접객, 보고, 연락, 상담 등 다양한 상황에서 '듣기'를 활용하게 됩니다.

사람은 남의 말을 들으면서 '이해'를 심화합니다.

그럴 때 이해를 도와주는 중요한 도구가 바로 '질문'입니다.

의문점이나 잘 이해되지 않는 부분이 있을 때는 물론, 상세한 내용을 확인하고 싶을 때, 정보를 더 깊이 이해하고 싶을 때도 질문을 활용해 보세요.

질문은 상대에게서 정보를 끌어내는 강력한 무기입니다.

• 읽기

'듣기' 못지않게 많이 쓰이는 방식이 '읽기'입니다.

업무를 진행하다 보면 기획서, 제안서, 보고서, 발표 자료, 회의록 등을 읽어야 할 때가 많습니다.

요즘은 메일이나 채팅으로 문자 정보를 주고받는 일도 많아졌습니다.

이렇게 다양한 글을 이해하려면 글의 일반적인 구조나 짜임새를 알아 두는 것이 좋습니다.

예를 들어 업무적인 글은 대개 '전체 → 상세'의 순서로 작성됩니다.

그래서 큰 틀이나 결론은 처음, 구체적인 사례나 데이터는 중간, 미래 전망이나 계획은 끝에 나오기 쉽습니다. 이 패턴을 알아 두기만 해도 이전과는 다른 관점으로 글을 읽게 되므로 독해력이 향상될 것입니다.

• 체험하기

'체험하기'는 네 가지 방식 중에서도 가장 강력합니다.

'가 보기', '해 보기', '먹어 보기', '오감으로 느껴 보기', '(분위기 등을) 맛보기' 등이 모두 '체험하기'에 해당합니다.

예를 들어 별미 중 하나인 '어란[1]'을 이해한다고 합시

1) 생선의 알을 알 주머니째 따로 빼내어 소금에 절여 햇볕에 반쯤 말린 식품

다. 아무리 자세한 설명을 들어도 직접 먹어 본 사람보다 그 음식을 깊이 이해할 수는 없습니다.

그렇습니다. '체험으로 얻은 이해'는 '말로 얻은 이해'보다 훨씬 정확할 때가 많습니다.

체험으로 얻은 이해는 기억에 깊이 새겨지고 뇌 속 자료실에도 오래 보관됩니다.

체험으로 이해한 사람의 표현(말 · 글 · 행동)에는 무게와 깊이가 있습니다.

• 사고하기

'사고를 통한 이해'는 '자발적 깨달음'으로 바꿔 말할 수 있습니다.

뇌 속 자료실의 수많은 '이해 상자'에는 다양한 정보가 제각각 나뉘어 보관되어 있습니다.

예를 들어 '마라톤'이란 단어는 그 자체가 하나의 상자인 동시에 '스포츠', '유산소 운동', '괴롭다', '장거리' 등의 상자에도 포함되어 있습니다.

덕분에 '인생은 길다'라는 정보를 접했을 때 '인생은 마라톤 같다'라는 생각이 자연스럽게 떠오르게 되죠. 이것이 '사고를 통한 이해'의 방식입니다.

사고를 통한 이해는 우연히 시작되기도 하지만 능동적으로 '무슨 일일까?', '왜?', '어떻게 하면 좋을까?'라는 의문을 품을 때 주로 시작됩니다.

'질문'이 사고를 유도하는 '마중물'로 기능하기 때문입니다.

단, 어떤 방식에서든 가장 중요한 것이 있습니다. 바로 '목적'입니다. '이 정보를 이해해서 어디에 활용할지'를 언제나 명확히 해야 합니다.

목적이 명확하면 어떤 정보를 취사선택해서 이해할지, 어떤 정보를 보강해야 할지 금세 파악할 수 있습니다.

또 새로운 정보를 접할 때 뇌 속 자료실에 이미 있는 '이해 상자'와의 관련성(공통점 · 상이점)을 파악하기도 쉽습니다. 그래서 '○○ 상자에 넣어 두자', '새로운 상자를 만들자'라는 판단을 순간적으로 내릴 수 있습니다.

이해의 네 가지 방식

① 듣기

② 읽기

③ 체험하기

④ 사고하기

이해에 필요한 3단계

이제 뇌 속 자료실의 구조를 대강 파악했으리라 생각합니다.

그런데 뇌 속 자료실을 채우고 활성화하여 이해력을 높이려면 구체적으로 어떤 과정을 거쳐야 할까요?

이해력을 높이는 데 꼭 필요한 3단계 과정을 아래에 소개하겠습니다.

단계 ① '언어'를 이해한다(상세는 제2장 참조)

'언어 이해'는 모든 이해의 첫걸음입니다.

거의 모든 이해가 언어를 통해 이뤄지기 때문입니다.

사람은 처음 듣는 말이나 뜻 모르는 말을 이해하지 못합니다.

어린아이에게 "헌법 개정 토론에서는 찬반양론이 갈리는 게 당연하다"라고 말해도 뜻이 제대로 전달되기는 어렵겠죠. 문장 안에 '헌법 개정', '토론', '찬반양론' 등 어린아이가 모르는 말이 너무 많으니까요.

그런데 어린아이에게 '찬반양론'이 무슨 뜻인지 가르쳐 주면 어떻게 될까요?

'찬반양론'이란 '찬성과 반대로 맞서는 두 가지 의견'을 뜻한다는 사실을 이해하는 순간, 어린아이의 뇌 속 자료실에 '찬반양론'이라는 상자가 생겨날 것입니다.

나아가 어린아이가 '찬반양론은 대화를 통해 드러난다'라는 사실을 깨닫는다면 '대화'라는 이해 상자에도 '찬반양론'이 추가될 겁니다.

이처럼 단어는 그 자체로 하나의 상자가 되는 동시에 관련된 다른 상자에도 보관됩니다.

이렇게 뇌 속 자료실에 단어를 보관하고 나면 나중에 '찬반양론'이라는 말을 접했을 때 의미를 금세 이해할 수 있습니다.

그렇게 되면 적절한 상황이 닥쳤을 때 어린아이가 스스로 나서서 '찬반양론'이라는 말을 쓸 수 있을지도 모릅니다. 뇌 속 자료실이 채워지고 활성화된 덕분이죠.

모르는 말을 처음 들었을 때 뜻을 알아보지 않고 그냥 지나치면 뇌 속 자료실에 그 말이 보관되지 않습니다.

한편 의미를 확인하기 위해 즉시 질문하거나 사전을 검색한다면 '말'과 '의미'가 연결되어 뇌 속 자료실의 '이해 상자'에 보관됩니다. 이런 언어 이해 과정은 다른 사람과 대화할 때, 책이나 자료를 훑어볼 때, TV를 볼 때 등 다양한 상황에서 진행됩니다.

직장에서도 자신이 몸담은 업계나 회사, 부서, 담당하는 프로젝트에 관련된 말의 의미를 바르게 이해해야만 뇌 속 자료실을 채우고 활성화할 수 있습니다.

그래야 나중에 새로운 정보를 접했을 때도 의미를 빠르게 이해할 수 있습니다.

사람은 뇌 속 자료실에 이미 생겨난 '이해 상자'를 활용해서 새로운 정보를 이해하기 때문입니다.

그러나 어렵사리 보관한 말이 사라져 버리기도 합니다. 한 번 보관한 후 오랫동안 쓰이지 않고 잠들어 있는 말은 결국 사라지니까요. 다시 말해 잊히는 것입니다.

반면 자주 떠올리고 사용하는 말은 점점 활성화되어 언제든 쓸 수 있는 상태로 유지됩니다.

언어를 이해하는 일이 이해의 첫걸음입니다.

소중한 언어를 보관할 기회가 매일 수시로 찾아올 테니 귀한 기회를 놓치지 마시길 바랍니다.

단계 ② '줄기 → 가지 → 잎' 순서로 이해한다 (상세는 제3장 참조)

새로운 정보를 이해하는 중요한 노하우가 하나 더 있습니다. 무엇이든 '줄기(전체 정보) → 가지와 잎(= 세부 정보)' 순서로 이해해야 해요.

아래 문장 ①을 읽어 보세요.

> **문장 ①**
>
> 지형은 평탄하며 최고 해발은 318m, 면적은 남한의 약 45%다. IT를 행정에 활용하는 '전자 정부'를 실현한 덕분에 결혼 · 이혼을 제외한 거의 모든 행정 업무를 인터넷상에서 처리할 수 있다.

무슨 이야기인지 곧바로 이해하지 못한 사람이 많을 텐데, 사실 이 글은 어떤 '나라'를 설명하고 있습니다.

제일 중요한 '나라 이름'이 빠져 있어서 정보가 머리에 잘 들어오지 않을 뿐입니다.

그렇다면 다음 글을 읽어 보세요.

문장 ②

발트해와 핀란드만에 면한 북유럽 국가 에스토니아.

지형은 평탄하며 최고 해발은 318m, 면적은 남한의 약 45%다. IT를 행정에 활용하는 '전자 정부'를 실현한 덕분에 결혼 · 이혼을 제외한 거의 모든 행정 업무를 인터넷상에서 처리할 수 있다.

문장 ①과는 달리 곧바로 이해되지 않았나요?

왜냐하면 첫 문장에 이야기의 '줄기'에 해당하는 '나라 이름'이 등장하기 때문입니다.

이처럼 사람은 '줄기 → 가지 → 잎'의 순서로 이해를 심화합니다.

'줄기'를 이해한다는 것은 '무엇에 관한 이야기인가'를 이해한다는 뜻입니다.

그러므로 이해도를 높이려면 '가지와 잎'이 아닌 '줄기'부터 보아야 합니다.

'이 정보의 줄기는 무엇일까?'

처음부터 이렇게 자문하는 습관을 들이면 본질을 이해하기가 훨씬 쉽습니다.

그러나 세상에는 (악의는 없을지라도) '줄기'를 꽉꽉 숨겨두는 사람이 종종 있습니다.

그런 사람과 소통할 때는 "무엇에 관한 이야기입니까?"라고 능동적으로 질문하여 '줄기'를 확인해야 합니다.

단계 ③ '비판적 사고'로 이해를 심화한다 (상세는 제4장 참조)

앞서 말했다시피 무언가를 이해할 때는 자신이 '무엇을' '얼마나' 이해했는지 따져보아야 합니다.

우리가 어떤 사물의 A라는 측면만 이해하고 B라는 측면은 이해하지 못할 때가 많기 때문입니다.

예를 들어 최근에 영업 실적이 떨어진 팀이 있다고 합시다.

최근에 영업 방식이 대면에서 온라인으로 바뀐 데다 팀에서 실력 있는 영업사원들이 자꾸 빠져나가고 있습니다.

이런 경우, '영업 실적 저하'의 원인을 '영업의 온라인화'나 '우수한 영업사원 부족'에서 찾기 쉽습니다.

하지만 원인을 그렇게 단정해도 될까요?

어쩌면 경쟁사가 발매한 신상품 때문에 자사 상품이 관심 밖으로 밀려났을지도 모르고, 소비자의 욕구 자체가 달라져서 업계 전체의 수요가 줄었을지도 모릅니다.

무엇이든 제대로 이해하려면 이런 의심의 눈길이 필요합니다.

이것이 바로 '비판적 사고'입니다.

'비판적 사고'란 '이렇게 이해하는 게 정말 옳을까?'라고 자기 자신까지 의심하는 사고방식을 말합니다.

앞에서 든 예로 말하자면, 영업 실적이 떨어진 원인을 단정하기 전에 '이것이 정말 온라인화의 영향일까?', '정말로 우수한 영업사원이 부족한 탓일까?'라고 자문하는 것이 비판적 사고입니다. '비판적 사고'를 위해서는 이처럼 주관과 편견, 낙관적 예측 등을 모두 걷어낸 '맑은 눈'으로 대상을 관찰 · 분석하는 태도가 필요합니다.

한편으로는 다양한 관점으로 대상을 바라보는 태도도 중요합니다. '관점 A로 보았을 때는 옳아 보였던 일이 관점 B로 보니 옳지 않더라'라고 나중에 깨닫는 경우가 많기 때문입니다.

'맑은 눈'이란 이처럼 다양한 가능성을 무시하거나 배제하지 않는 눈을 뜻하기도 합니다.

따라서 기존의 이해에 너무 얽매여서도 안 됩니다. 무언가에 얽매이면 대상을 다양한 관점에서 바라보지 못하므로, 전에 깨닫지 못했던 의미와 가치를 찾아내거나 새로운 이해에 도달하기 어렵습니다.

과연 이 이해가 타당한가?

자신에게 이렇게 질문하는 순간 비판적 사고가 시작됩니다.

이 책을 읽는 지금도 예외는 아닙니다. 여러분도 비판적 사고로 책을 읽다 보면 제가 주장하는 '이해의 방식'을 더 깊이 이해하게 될 것입니다.

이해에 필요한 3단계

① '언어'를 이해한다.

② '줄기 → 가지 → 잎' 순서로 이해한다.

'가지와 잎' 순서로
정보를 파악한다.

③ '비판적 사고'로 이해를 심화한다.

이해를 방해하는 '인지 편향' ①

사람은 누구나 '인지 편향'을 갖고 있습니다.

'인지 편향'이란 '사고의 치우침'을 뜻하는 말로, '편견', '오해', '선입견', '고정관념' 등으로 바꿔 말할 수 있습니다.

인지 편향이 너무 강하면 눈이 흐려져 무엇이든 제대로 이해하기 어렵습니다.

앞서 말했듯이 우리는 모든 것을 스키마(이해 상자)를 통해 이해합니다.

그렇다고 '이해 상자'를 맹신해서는 안 됩니다.

이미 있는 '이해 상자'가 인지 편향으로 작용해 새로운 이해를 가로막을 수 있기 때문입니다.

글을 읽다가 'SDGs[2)]', '온난화', '비즈니스 모델'이라는 말이 연달아 나오면 자신도 모르게 '친환경 비즈니스 모델'을 떠올리게 됩니다.

하지만 나중에서야 '어라? 지금 보니 SDGs의 문제점

2) Sustainable Development Goals. 지속 가능 개발 목표.

을 예리하게 파헤친 글이었네?'라고 깨달을 수도 있습니다. 이미 존재하는 '이해 상자'와는 반대되는 내용이었던 셈입니다.

이처럼 기존의 '이해 상자'를 맹신하면 주의력이 떨어져서 글을 대강 읽게 되고, 그 결과 글에 포함된 새로운 '이해 상자', 즉 새로운 정보나 문맥을 지나쳐 버리기 쉽습니다.

인지 편향이 오해를 일으키는 사태를 방지하려면 어떻게 해야 할까요?

첫째, '인간은 인지 편향에 휘둘리는 존재다'라는 사실을 늘 자각해야 합니다.

둘째, '대충 이해했다'라는 생각이 들 때마다 자신이 혹시 인지 편향에 빠지지 않았는지 점검해야 합니다.

이 두 가지 방법을 통해 인지 편향이 '오해'를 일으키는 사태를 막을 수 있습니다.

즉, '대충 이해하기'의 벽을 넘어서게 되는 것입니다.

이해를 방해하는 '인지 편향' ②

'트럭 운전사가 귀가할 때마다 남편이 변함없는 미소로 마중을 나왔다'

위의 글을 읽고 '응? 이게 무슨 말이지?'라며 고개를 갸웃거렸을 수도 있습니다.

이유는 명백합니다.

'트럭 운전사 = 남성'이라는 '이해 상자'를 활용하여 글을 이해했기 때문입니다.

그러나 세상에는 남성 트럭 운전사만 있는 게 아닙니다.

글에도 '남편이 마중을 나왔다'라고 쓰여 있지 않습니까?

글쓴이가 실수로 '남편'이라는 말을 쓴 것도 아닙니다.

이런 경우, 기존의 '이해 상자'를 활용하기보다 언어로 표현된 정보에 주목해야 의미를 바르게 이해할 수 있습니다.

여기서 퀴즈를 하나 내겠습니다. 아래 ①과 ②는 무엇일까요?

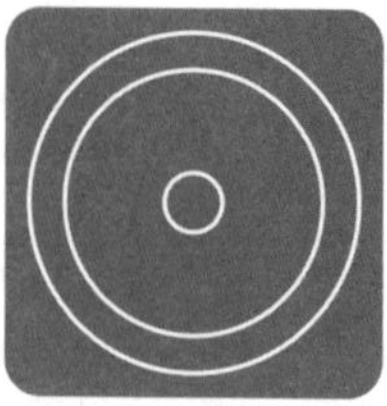

①

②

정답은 '둘 다 컬러 콘[3]'입니다. ①은 컬러 콘을 위에서 본 모습이고 ②는 컬러 콘을 밑에서 본 모습입니다.

아마도 정답을 맞힌 사람은 별로 없을 것입니다.

왜냐하면 대부분이 '컬러 콘 = 원뿔형'으로 인식(이해)

③

---

3) 교통을 규제하거나 위험을 표시하는 데 사용하는 원뿔형 도구

하기 때문입니다(③).

'컬러 콘 = 원뿔형'이라는 생각 역시 인지 편향입니다.

인지 편향이란 자신도 모르는 '편견'이나 '오해'를 말합니다.

이 인지 편향 때문에 컬러 콘을 원뿔형이라고 믿는 사람은 ①, ② 같은 이미지를 상상하기 어렵습니다.

그러나 관점을 조금만 바꾸면 ①과 ②도 컬러 콘이라는 사실을 깨닫게 됩니다.

무엇을 이해하든 마찬가지입니다.

늘 '다른 각도에서 보면 어떨까?'라고 생각하는 것이 중요합니다.

그런 생각이 없으면 '대충 이해한 상태'에 빠지기 쉽습니다.

그래서 '대충 이해했다'라는 생각이 들 때마다 자신이 인지 편향에 빠지지는 않았는지 점검해야 합니다.

제 2 장

1단계 -
'언어'를
이해한다

1

무엇보다 중요한 '언어 이해'

'언어'는 정보다

사람은 무언가를 이해할 때 언어(= 말)를 사용합니다.

언어란 곧 정보입니다. 정보에는 반드시 뜻이 포함되어 있습니다. 우리는 무엇이든 뜻이 있어야만 이해할 수 있습니다.

현대는 정보화 사회입니다. 따라서 언어를 모르면 아무

것도 이해하지 못해 사회에서 뒤처질 위험성이 큽니다.

'언어 이해'를 소홀히 하면 일상생활이나 직업 생활까지 위험해질 수 있습니다.

예를 들어 '판매'라는 말에는 '상품을 파는 일'이라는 뜻이 있습니다.

그 뜻을 모르면 '매장 판매', '인터넷 판매', '판매 전략'의 뜻도 이해할 수 없습니다.

사전에서 어떤 말의 뜻을 찾아보면 뜻 설명에도 역시 말이 쓰였음을 알게 됩니다.

글을 읽을 때나 남의 이야기를 들을 때도 마찬가지입니다.

그래서 모르는 말에 발목을 잡히면 그 말이 포함된 이야기 전체를 이해하지 못하게 됩니다.

그런 일이 두세 번 이어지다 보면 '자포자기' 상태에 빠질 수도 있습니다.

여러분의 뇌 속 자료실에는 얼마나 많은 말이 보관되어 있나요?

그 양이 이해력의 수준을 결정합니다.

이해력을 높이고 싶다면 무엇보다 말을 배우는 일을 우선시해야 합니다.

모르는 말이 나오면 건너뛰지 말고 반드시 찾아봅시다.

'대충 아니까 괜찮아'라며 지나쳐서는 안 됩니다.

모르는 말을 찾아보느냐, 찾아보지 않느냐에 따라 어휘력과 이해력이 크게 달라집니다.

'대충 이해한 상태'를 '확실히 이해한 상태'로 바꾸어야 합니다.

그렇게 습득한 말들이 여러분들 이해력의 자산이 될 것입니다.

우선 여러분이 자주 다루는 분야나 주제에 관련된 말을 자료실에 많이 넣어두세요.

예를 들어 패션 회사 마케팅팀에서 일하는 사람이라면 패션에 관한 책, 마케팅 책, 소비 행동에 관한 심리학책 등을 읽으면서 업무 현장에서 쓰이는 말을 습득하는 것이 좋습니다.

또 아름다움이나 멋짐을 표현하는 말을 배우고 싶다면 패션 잡지 등을 활용해도 좋겠죠.

'우아하다', '늠름하다', '곱다', '단정하다' 등 다양한 말을 알아두면 그중에서 상황에 가장 잘 맞는 말을 골라 쓸 수 있습니다.

이해에 꼭 필요한 '학습 언어'를 늘려라

앞서 추천한 책과 잡지의 학습 효과를 높이기 위해 준비할 사항이 있습니다.

바로 '배우는 데 필요한 말', 즉 '학습 언어'입니다.

말은 일상생활에서 쓰는 말(생활 언어)과 학습할 때 쓰는 말(학습 언어)로 나뉩니다.

예를 들면 '값, 작성, 적절, 비례, 평균, 평가, 관련, 전개, 특색, 달성, 규정, 대응, 기초, 대략, 각종' 등이 학습 언어입니다. 이런 말은 일상에서는 보고 들을 기회가 별로 없지만, 책이나 자료, 잡지, 교과서, 참고서, 뉴스 기사 등에서 자주 접할 수 있습니다. 학습 언어를 모르면 무엇이든 바르게 이해하기 어렵습니다.

학습 언어는 대부분 '글말'로 이뤄집니다.

그러므로 학습 언어를 늘리려면 평소에 '글말'을 자주 접해야 합니다.

'나는 스마트폰으로 글을 자주 읽고 쓰니까 괜찮다'라는 사람도 있을지 모르겠지만 친구와 주고받는 채팅은 '글말'이 아닙니다.

친구가 SNS에 올린 일기나 잡문도 마찬가지입니다.

유감스럽게도 그런 글로는 학습 언어를 습득하기 어렵습니다.

거의 생활 언어로 이뤄진 글이기 때문입니다.

채팅이나 SNS로만 글을 접하다 보면 수준 낮은 비속어나 줄임말, 인터넷 용어에 너무 익숙해져서 오히려 어휘력이 떨어질 위험이 큽니다.

한편 특정한 주제를 다루는 설명문이나 해설문, 참고서, 교과서의 글, 논문, 보고서, 기사 등 정보를 제공하는 글은 거의 '학습 언어'로 이루어져 있습니다.

이런 글을 통해 이전에 몰랐던 학습 언어를 습득함으로써 뇌 속 자료실을 채우고 많은 '이해 상자'를 활성화할 수 있습니다.

같은 책을 읽어도 내용을 효율적으로 이해하는 사람이 있고 그렇지 못한 사람이 있는데, 이는 '학습 언어' 보유량이 다르기 때문일 수 있습니다.

물론 직접 글을 쓸 때도 마찬가지입니다. '학습 언어'를 얼마나 습득했느냐에 따라 글의 질이 달라집니다.

특히 설명문, 해설문, 보고서, 계약서 등을 쓰려면 '학습 언어'가 꼭 필요합니다.

그러므로 평소에 '정보를 제공하는 글'을 적극적으로 접하여 이해력을 높이고 정보 발신에 필요한 '학습 언어'의 양을 늘려야 합니다.

'뇌 속 자료실'에 말을 보관하라

제1장에서 말했다시피 뇌 속 자료실에 보관해 두기만 하고 전혀 쓰지 않는 단어는 언젠가 뇌 속에서 사라집니다('이해 상자' 소멸).

단어가 사라지지 않도록 하는 유일한 방법은 '말'과 '글'

에서 그 단어를 활용하는 것입니다.

"여배우 ○○씨는 한 마디로 '우아한' 사람이야."

이처럼 대화 중에 '우아하다'라고 말하면 뇌 속 자료실에서 '우아하다'라는 '이해 상자'의 존재감이 커집니다.

즉, 쓸 때마다 '우아하다'라는 '이해 상자'가 활성화되므로 다음 대화나 문장에서 활용하기도 점점 더 쉬워집니다.

모습이나 몸짓이 아름답고 부드러운 사람을 볼 때마다 '우아하다'라고 생각하게 되는 이유도 뇌 속 자료실에 있는 '우아하다'라는 단어가 활성화되어 있기 때문입니다.

한편 '우아하다'라는 단어가 뇌 속 자료실에 없으면 그런 사람을 보고도 적당한 말이 떠오르지 않습니다.

"여배우 ○○씨는 뭐랄까... 그러니까... 느낌이 좋아."

표현하고 싶어도 표현할 수 없으니 본인도 무척 답답할

것입니다.

뇌 속 자료실이 비어 있는 데다(이해 상자 수가 적은 데다) 활성도가 낮으면 이처럼 적당한 말이 좀처럼 떠오르지 않습니다.

- 말을 이해하려면 '단어'를 많이 알아야 한다.
- 말과 글로 표현하려면 '단어'를 많이 알아야 한다.

우선 이 당연한 사실을 인정해야 합니다.

'뇌 속 자료실'에 말을 보관하는 법

① '말'을 이해한다.

대화 도중에 '우아하다'라는 단어를 활용하면 뇌 속 자료실에 있는 '우아하다'라는 정보(이해 상자)가 활성화된다.

말의 의미를 명확히 정의하라

특히 비즈니스 현장에서는 말의 의미를 명확히 정의하고 그것을 주위 사람과 공유할 필요가 있습니다.

말의 의미가 명확히 정의되거나 공유되지 않으면 어떻게 될까요? 상호 이해가 어긋나 의도가 제대로 전달되지 않으므로 오해가 생기고 이야기가 헛돌기 쉽습니다.

예를 들어 어떤 상사가 부하에게 공장을 시찰하고 오라고 지시했다고 합시다.

부하는 공장을 시찰한 다음 상사에게 '제조 설비 상태'를 자세히 보고했습니다.

그러나 상사는 떨떠름한 눈치입니다. 그가 알고 싶었던 것은 '제조 설비 상태'가 아니라 '공장에서 제조되는 제품의 상태'였기 때문입니다.

'공장 시찰'이라는 말을 두 사람이 서로 다르게 정의한 것입니다.

상사: 공장 시찰 → 제품 상태를 살피는 일

부하: 공장 시찰 → 제조 설비 상태를 살피는 일

상사도 부하도 '내가 옳다'라고 생각하기 때문에 이 문제는 풀기가 매우 어렵습니다.

사실 잘못은 쌍방에 있습니다. 상사는 지시할 때 제품 상태를 확인하고 오라고 말해야 했고 부하는 상사에게 정확한 의미를 한 번 더 확인해야 했습니다.

예를 한 가지 더 들어 봅시다.

A: 로고는 어떻게 디자인할까요?

B : 귀여운 느낌보다 멋진 느낌으로 해 주세요.

A: 좋아요, 멋진 느낌으로 하죠. 맡겨 주세요.

A는 디자이너에게 B의 말을 전달하며 디자인을 의뢰했습니다.

며칠 뒤 로고 초안이 완성되었습니다.

A: 로고 초안이 나왔습니다.

B: 나왔군요! 어? 이게 뭐죠?

A: 왜 그러세요?

B: 멋있게 해 달라고 했는데 촌스럽잖아요.

A: 네? 그래요?

처음에는 둘의 마음이 잘 맞는 것 같았지만 결과는 그다지 좋지 않았습니다.

실제로도 이런 일이 종종 일어납니다.

로고 제작이 실패로 끝난 이유는 '멋있다'라는 말을 서로 다르게 정의했기 때문입니다.

'멋있다'라는 말이 나오자마자 정확한 뜻을 공유했다면 훨씬 좋은 결과를 낼 수 있었을 텐데 말입니다.

'화려하고 경쾌한 멋'도 있고 '흑백의 세련된 멋'도 있습니다. 이 둘은 분위기가 전혀 다릅니다.

물론 '화려하고 경쾌한 멋'이라는 표현도 모호하기는 마찬가지입니다.

이럴 때는 원하는 색상과 색조, 질감, 서체 등을 구체적으로 의논하여 둘 사이에 놓인 격차(단어 정의의 차이)를 메워야 합니다.

말을 제대로 이해하고 싶다면 모호한 정의를 그대로 두어서는 안 됩니다.

조금이라도 찜찜한 느낌이 들 때마다 그때그때 서로 맞추고 넘어가야 합니다.

그 말, 명확히 설명할 수 있나요?

이해력 있는 사람은 자신이 아는 무언가를 명확히 설명할 수 있지만, 이해력이 낮은 사람은 제대로 설명하지 못합니다.

여러분은 혹시 카페오레와 카페라테의 차이를 설명할 수 있나요?

- 카페오레: 드립 커피에 우유를 넣은 음료
- 카페라테: 에스프레소에 우유를 넣은 음료

카페오레와 카페라테를 이해하지 못하는 사람은 당연히 둘의 차이도 이해하지 못합니다.

물론 카페오레와 카페라테의 차이를 모른다고 해서 '이해력이 낮다'라고 말할 수는 없습니다.

그러나 이런 작은 이해를 계속 쌓아 올려야만 이해력을 높일 수 있습니다.

'모르는 것'을 하나하나 '아는 것'으로 바꾸는 과정은 '이해하는 일'을 민감하게 의식하는 데 매우 중요합니다.

마케팅부에서 일하는 사람이 '판촉'이나 '혜택' 같은 단어를 제대로 이해하지 못하면 관계자와 원활하게 소통하기는커녕 맡은 일에서도 성과를 내기 어렵습니다.

자신이 어떤 단어를 바르게 이해하고 있는지 확인하고 싶다면 그 단어를 한번 '설명'해 보세요.

그 말을 이미 잘 아는 사람에게 자신이 아는 무언가를 설명한 다음 "이런 의미가 맞나요?"라고 물어보면 됩니다.

설명에 모호한 구석이 있다면 바르게 이해하지 못한 것입니다.

한편 모호한 구석 없이 구체적으로 설명할 수 있다면

바르게 이해한 것입니다.

이처럼 설명을 통해 '현재 이해의 수준'을 확인할 수 있습니다.

물론 단어의 뜻을 사전이나 인터넷에서 찾아봐도 되지만 검색하기 전에 '이런 의미는 아닐까?'라는 가설을 세운 다음 (혼잣말로) 설명해 보는 것이 좋습니다.

그렇게 일단 외부로 표현하면 나중에 정답을 확인했을 때 '차이'를 알아채기 쉽습니다.

즉, 자신이 '무엇을 이해하지 못했는지' 또는 '무엇을 이해해야 하는지' 쉽게 파악할 수 있습니다.

자신의 이해가 모호하다는 느낌이 드는 순간이 기회입니다.

그 말을 얼만큼 설명할 수 있는지 한번 시험해 봅시다.

2

효과적으로 글을 풀어 읽는 '문맥 이해력'

사회에서 요구하는 '문맥 이해력'

'말'과 '정의'를 이해하는 일은 이해력을 기르는 데 매우 중요합니다.

한편 무언가를 제대로 이해하려면 '말'과 '정의'뿐만 아니라 문맥까지 이해해야 합니다.

'문맥'의 '맥(脈)'은 '줄기를 이뤄 계속 이어진다'라는 뜻입니다. 세상에는 산맥, 수맥, 광맥, 잎맥 등 다양한 '맥'이 있는데, 말과 글에도 '맥'이 있습니다.

> **문맥이란?**
> 말이나 글 사이의 '논리적 연결'을 뜻한다. 또 말이나 글에 포함된 속뜻, 의도, 생각 또는 말이나 글 뒤에 숨은 메시지를 뜻한다.

문맥을 이해하지 못하면 소통이 어긋나고 신뢰가 무너집니다. 또 표현(말하기, 쓰기, 행동하기)에도 오류가 생겨 상대를 화나게 만드는 탓에 사회생활에 여러 가지 문제가 생깁니다.

문맥 이해에 관한 에피소드 ①

김 과장과 박 대리의 대화를 예로 들어 보겠습니다.

프레젠테이션에서 성과를 내지 못하는 박 대리에게 김 과장이 조언하고 있습니다.

김 과장: 박 대리, 자네가 프레젠테이션 할 때마다 청중의

반응이 좋지 않던데, 자네도 알고 있나?

박 대리: 네, 죄송합니다.

김 과장: 프레젠테이션에서는 본인이 하고 싶은 말이 아니라 청중이 듣고 싶은 말을 해야 해.

박 대리: 그렇군요.

김 과장: 게다가 자네는 자료만 보고 청중은 거의 보지 않더군. 청중의 눈을 봐야 해.

박 대리: 알겠습니다. 그렇게 해 보겠습니다.

김 과장은 박 대리의 변화를 기대했지만 유감스럽게도 박 대리의 프레젠테이션은 이후로도 크게 개선되지 않았습니다.

김 과장: 자네는 오늘 프레젠테이션을 어떻게 생각하나?

박 대리: 전보다 나아진 것 같습니다.

김 과장: 정말 그렇게 생각해?

박 대리: 네, 청중의 눈을 똑바로 봤거든요.

김 과장: 뭐? 눈을 봤으니까 잘했다는 거야?

박 대리: 네, 저번에 청중의 눈을 보라고 하셨잖아요.

김 과장: 청중의 반응을 살피면서 이야기를 전개하라는 뜻
이었어.

박 대리: 아, 그랬군요.

김 과장: …

김 과장은 어이가 없어서 할 말을 잃었습니다.

박 대리가 '문맥'을 전혀 이해하지 못했기 때문입니다.

앞의 대화에서 김 과장이 했던 "청중의 눈을 봐야 해"라는 말은 '청중의 반응을 살펴야 한다' 또는 '청중의 관심사를 찾아야 한다'라는 뜻이었습니다.

그러나 박 대리는 그 이야기를 말 그대로 '청중과 눈을 맞춰야 한다'로 알아들었습니다.

아쉽게도 "청중이 듣고 싶은 말을 해야 해"라는 조언과 "청중의 눈을 봐야 해"라는 조언을 연결하지 못한 것입니다. 문맥을 이해하지 못했으니까요.

문맥 이해에 관한 에피소드 ②

"내일 비 온대. 야외 촬영 때 배우가 곤란해지지 않도록

신경 써 줘."

조감독인 여러분에게 감독이 이런 지시를 내렸다면 여러분은 어떻게 행동해야 할까요?

문맥을 잘 이해하는 조감독과 그렇지 않은 조감독은 이후 행동이 크게 다를 것입니다.

문맥을 이해하지 못하는 조감독

배우가 비를 맞지 않도록 비닐우산을 준비한다.

문맥을 잘 이해하는 조감독

지시를 제대로 이행하려면 '배우가 비를 맞지 않게' 할 뿐만 아니라 '배우가 기분 좋게 촬영하도록' 만들어야 한다고 생각한다.

예보를 찾아보니 비가 꽤 많이 온다고 하므로 크고 튼튼한 우산을 준비하고, 만일의 경우를 대비해 온몸을 감싸는 비옷도 준비한다.

만에 하나 배우가 비를 맞았을 경우를 고려해 큰 수건과 작은 수건도 준비한다. 또한 몸이 식을 수도 있으므로 따뜻한 음료를 보온병에 담아둔다.

둘 중 누가 '일 잘하는 조감독'인지는 물어볼 필요도 없습니다.

두 사람 사이에는 '미묘한 차이'가 아니라 '뚜렷한 차이'가 있습니다.

- (눈에 보이지 않는) 문맥과 행간을 읽으려는 자세가 부족하다.
- 말의 이면이나 배경을 살피는 힘이 부족하다.

이는 문맥을 이해하지 못하는 사람의 특징입니다.

'이심전심'이나 '호흡이 척척 맞다'라는 말의 존재만 보아도 알 수 있듯이 동아시아에는 예로부터 문맥을 통해 의사소통하는 문화가 정착되어 있습니다.

그러므로 말을 글자 그대로 받아들이지 말고 말의 속뜻과 말 뒤에 숨은 정보까지 파악하려고 노력할 필요가 있습니다.

'문맥 이해력'을 강화하는 훈련

문맥을 잘 이해하려면 말이나 글로 소통할 때마다 다음 다섯 가지에 주의해야 합니다.

① 상대의 표정, 말투, 글투, 몸짓 등을 잘 관찰하기
② '무슨 말을 하려는 걸까?', '이 글로 무엇을 전달하려는 걸까?', '이 부분은 무슨 뜻일까?'라고 질문하기
③ '이 사람은 어떤 유형일까?'라고 질문하기
④ '이 말(글)의 배경에는 무엇이 있을까?'라고 질문하기
⑤ '이 말(글)의 본질은 무엇일까?'라고 질문하기

연인끼리 싸우다가 한 사람이 "계속 그럴 거면 헤어져!"라고 외칠 때가 있습니다. 이 말은 정말로 헤어지자는 뜻이 아니라 '그 행동을 중지해 달라'라고 요청하는 말입니다.

자녀가 부모에게 "나 밥 안 먹어!"라고 선언할 때도 마찬가지입니다. 정말로 식사를 거부하고 투쟁하겠다는 말이 아니라 섭섭한 마음을 알아달라는 뜻입니다.

이처럼 속내는 문맥 속에 숨어 있어서 알아채기 어려울 때가 많습니다.

사회에서도 이런 사례를 쉽게 찾아볼 수 있습니다.

"괜히 미안해할 테니까 ○○씨한테는 말하지 마"라는 말에는 '생색내는 것처럼 느껴지지 않을 정도로만 얘기해 줘'라는 뜻이 숨어 있을지 모릅니다.

시나 노래 가사도 대략의 문맥을 알아야 이해할 수 있습니다.

'무슨 뜻이지?', '이게 무슨 소리야?'라는 생각이 들 때마다 말에 드러난 의미를 곰곰이 뜯어보고 기존의 '이해 상자'와 대조하면서 숨은 속뜻을 추측해 봅시다. 그래야 진짜 뜻을 이해할 수 있기 때문입니다.

문맥을 이해하지 못하면 소통에 문제가 생깁니다.

연애할 때도 여자친구의 기분이 갑자기 나빠진 이유(= 문맥)를 읽어내지 못하면 그 후 관계가 위태로워지는데, 그와 마찬가지입니다. '문맥 이해력'이 곧 '소통 능력'이라 해도 과언이 아닙니다.

①~⑤를 늘 민감하게 의식하여 문맥 이해력을 높이면 말과 글의 의미는 물론, 상대의 기분이나 생각, 주변 분위기까지 쉽게 파악할 수 있습니다.

또 그때그때 필요한 것을 알아채는 힘과 미래를 예측하는 힘도 길러집니다.

한 마디로 일 잘하는 사람으로 변신하게 됩니다.

'스마트폰 뇌'를 되도록 빨리 탈피하라

정보가 필요할 때 스마트폰을 이용하면 무척 편리합니다. 목적지까지 가는 길도 앱이 전부 친절하게 가르쳐 줍니다.

뉴스 사이트나 쇼핑 사이트에서도 개인화 서비스(= 한 사람 한 사람에게 적합한 정보를 제공하는 서비스 방식)를 강화하는 추세라, 고민거리가 있을 때 검색만 하면 몇 초 만에 해결책이 뽕 하고 튀어나옵니다.

하지만 이렇게 모든 것들이 편리하게 제공되다 보니 우리 인간은 아무것도 생각하지 않게 되었습니다.

원래 인간의 뇌는 게으름 피우기를 좋아합니다. 본능적

으로 뇌에 부하를 걸지 않으려 하기 때문입니다.

'수동적인 자세'는 그런 뇌가 마음껏 게으름을 피울 수 있는 최적의 조건입니다.

하지만 그렇게 지내다 보면 뇌 속 자료실이 계속 비활성 상태를 유지하다가 결국 쇠퇴해버리고 말죠.

앞서 말했다시피 쓰이지 않는 '이해 상자'는 차차 사라집니다.

'이해 상자'가 줄어들어 사고력이 쇠퇴하면 이해력도 점점 떨어지게 됩니다.

자동차도 오랫동안 달리지 않으면 고장이 잦아지기 마련입니다.

뇌도 마찬가지여서 일하지 않으면 기능이 점점 쇠퇴합니다.

트위터를 비롯한 SNS도 뇌 속 자료실의 활성도를 낮추는 데 한 부분을 담당하고 있습니다.

실제로 SNS에 올라온 정보를 맹신하거나 '대충 이해'하는 것으로 만족하는 사람이 적지 않습니다.

심지어 명확한 가짜 뉴스나 가짜로 의심되는 정보, 멋

대로 편집된 정보를 별생각 없이 퍼 나르는 사람도 많습니다. '대충 이해하기'의 전형적 사례죠.

그런 사람들에게도 눈에 보이지 않는 문맥을 읽으려 하는 자세, 그리고 이해와 사고를 주도적으로 심화하려는 자세가 필요합니다. 그런데 얄궂게도 그런 사람일수록 '나는 충분히 사고했다' 또는 '나는 바르게 이해했다'라고 믿는 경향이 있습니다.

이해력을 기르는 데 그런 '무자각'만큼 큰 장애물은 없다고 말씀드리고 싶습니다.

다만 지금 당장 스마트폰을 버리라거나 SNS를 끊으라고 말할 생각은 없습니다. 그건 현실적이지 않은 조언이니까요.

게다가 스마트폰이나 SNS는 잘못이 없습니다. 잘못은 SNS에 의존하면서 스스로 생각하기를 포기한 인간에게 있습니다.

이 문제를 해결하고 싶다면 자신에게 늘 이렇게 물어야 합니다. ○○에 자기 이름을 넣어 보세요.

"이봐, ○○○, 또 '대충 이해'하고 넘어가려고?"

이렇게 자신을 계속 일깨우는 일이야말로, 지금 같은 스마트폰 · 인터넷 시대에 이해력을 높일 가장 강력한 방법입니다.

'대충 이해했음'을 자각한다는 것은 다시 말해 자신을 '아직 다 이해하지 못한 상태'로 돌려놓는다는 뜻입니다.

항상 이런 각성 상태를 유지해야만 무엇이든 능동적으로 이해할 수 있습니다. 늘 '대충 이해하고' 넘어가려 하는 자기 자신을 자각하는 사람은 새로운 정보를 접할 때도 '대충 이해한 상태'에 쉽게 빠지지 않습니다.

- 이게 정말 맞을까?
- 왜 ○○일까?
- 이유나 근거는 무엇일까?
- 정보의 출처는 어디일까?
- 이 사실로 무엇을 예측할 수 있을까?
- 이 정보 뒤에 숨어 있는 메시지는 무엇일까?
- 더 좋은 방법은 없을까?

이처럼 다양한 관점에서 의혹을 제기하고 질문을 던져야만 '대충 이해하기'의 장벽을 넘어설 수 있습니다.

이해력 강화의 필수 조건: '스마트폰 뇌' 탈출

스마트폰으로 검색하면 어떤 해결책이든 몇 초 내에 알아낼 수 있다. 스마트폰은 정말 편리한 도구다.

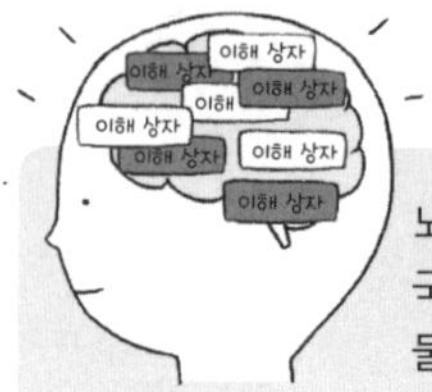

뇌 속 자료실이 비활성 상태로 유지되다가 결국 쇠퇴한다. 쓰이지 않는 '이해 상자'는 하나 둘씩 사라진다.

'내가 대충 이해하고 넘어가려는 건 아닐까?' 라고 늘 의심한다.

'대충 이해하기'의 장벽을 넘으려면 다양한 관점에서 의혹을 제기하고 질문을 던지는 습관을 들여야 한다.

문법 파괴 메시지의 공포

LINE 등 메신저를 자주 쓰는 문화 역시 뇌 속 자료실을 급속히 쇠퇴시키는 원인이 되고 있습니다.

이모지나 스티커에 의존하다 보면 글을 제대로 쓸 기회가 줄어듭니다.

상대와 깊은 대화를 나누기도 어려워집니다.

문맥이나 행간을 읽는 능력은 물론, 글 자체를 풀어 읽는 능력도 쇠퇴합니다.

심지어 문법을 무시하고 글을 쓰는 습관까지 생길 수 있습니다.

아무리 친한 사이라고 해도 갑자기 '위험해', '지루해', '짜증 나' 같은 단문만 보내면 무슨 말인지 이해하기 어렵습니다.

무엇이 어떻게 위험한지, 무엇이 그렇게 지루한지, 무엇이 짜증을 유발했는지 알려줄 생각은 없어 보입니다. 정상적인 전달을 스스로 포기한 것입니다.

일상에서도 소통의 노력을 이렇게나 아끼는 사람이 직장이나 사회에서 정보를 제대로 전달할 수 있을까요?

만약 여러분이 다른 사람을 관리하거나 지도하는 위치에 있다면 이런 식의 소통을 묵인해서는 안 됩니다. 부하가 "저, 이거..."라며 보고서를 내밀 때 "이거? '이거'가 뭐죠?"라고 되물어 제대로 된 언어를 구사하도록 촉구할 필요가 있습니다.

스스로 "김 부장님, 보고서를 작성했으니 오늘 안에 검토해 주시겠어요?"라고 문법에 맞게 말하도록 만들어야 합니다.

여러분이 부모일 경우에도 마찬가지입니다. 자녀가 "엄마, 간식"이라고 말하는 순간 자녀의 언어 능력을 길러 줄 기회가 왔다고 생각합시다. 본인이 이해력을 최대한 발휘하여 찰떡같이 알아듣고 잽싸게 간식을 갖다 주어서는 안 됩니다.

"간식? 간식을 어떻게 하라고?", "간식은 왜?"라고 질문하면서 아이의 입에서 "배가 고파서 간식을 먹고 싶어요"라는 말이 나오도록 해야 합니다.

자녀가 제대로 된 문장을 구사한 후에도 “어떤 간식을 먹고 싶니?”라는 질문을 덧붙여 “과자보다 과일이 먹고 싶어요”라는 대답을 끌어낼 수 있습니다.

이런 식으로 바른 문장을 구사하게 만들면 자녀의 뇌 속 자료실이 차근차근 충실해지고 활성화됩니다.

상대의 이해력을 길러 주고 싶다면 문장을 대신 구성해 주거나 너무 빨리 도움의 손길을 내밀지 말아야 합니다.

상대가 불분명한 말만 반복하거나 정확한 문장을 구사하지 않으려 해도 (고압적이지 않은 태도로) 정확한 문장을 끈질기게 요청해야 합니다.

3

이해를 심화하는 '듣기'

'경청'은 이해의 첫걸음

많은 사람이 남의 말을 듣는 듯 보이지만 사실은 제대로 듣지 않습니다.

상대의 이야기를 들으면서 다른 생각을 하거나, 자신이 다음에 할 말을 생각하고 있기 때문입니다. 여러분도 찔리는 구석이 있지 않습니까?

잘 듣는 듯하다가 "그래, 맞아, 나도 요즘…"이라며 화제를 매번 자신에게로 돌리는 '화제 도둑'도 있고, 상대가 진지하게 고민을 털어놓을 때는 잘 듣지도 않다가 자기 이야기만 장황하게 늘어놓는 '설교 귀신'도 있습니다.

원래 남의 말을 귀 기울여 듣는 일은 쉬운 일이 아닙니다.

쉽기는커녕 엄청나게 힘든 일입니다.

저도 오랫동안 취재를 했던 만큼 남의 이야기를 듣는 일이 얼마나 어려운지 잘 알고 있습니다.

취재를 제대로 하려면 가치관과 사고방식이 나와 전혀 다른 상대방이 무엇을 느끼고 무엇을 생각하며, 어떤 목적으로 취재에 응했는지 이해해야 합니다. 귀로 듣는 말이나 눈으로 읽는 글은 물론, 표정, 말투, 몸짓 등에 드러난 비언어적 메시지에도 주의를 기울여야 합니다.

그러려면 다양한 감각을 동원하여 상대를 관찰하는 기술이 필요합니다.

'경청'은 상담사가 제일 많이 활용하는 기술로, 상대에게 관심을 품고 그가 하는 이야기에 귀 기울임으로써 진의를 이해하고 공감하는 소통 기법입니다.

경청하는 힘이 생기면 상대의 이야기를 흘려듣지 않는 습관이 길러집니다. 그러면 이해력도 자연스럽게 향상됩니다.

경청의 구체적인 방법은 다음과 같습니다.

- 상대를 존중하는 마음으로 진지하게 귀를 기울인다.
- 상대의 말을 부정하지 않는다(긍정적으로 이해하려고 노력한다).
- 상대의 눈을 보며 고개를 끄덕이거나 맞장구를 친다.
- 중간중간 상대를 이해한다는 뜻을 말로 표현한다.
- 상대의 언어뿐만 아니라 표정, 말투, 몸짓 등 비언어적 메시지에도 주의한다.
- 상대의 감정과 기분까지 이해하려고 노력한다.

경청의 본질은 '상대에게 의식을 집중하는 자세'에 있습니다. 늘 이런 자세를 유지하면 정보 수집 능력과 이해력도 몰라보게 향상될 것입니다.

얼핏 생각하면 경청이 쉬워 보일지도 모르지만 실제로

는 그렇지 않습니다. 잠시만 집중력을 잃어도 쓸데없는 말을 내뱉거나 건성으로 듣게 됩니다.

하지만 아무리 노력해도 남의 말을 경청하기 어렵다는 사람이 있습니다. 그런 사람은 상대의 이야기를 다 들은 후 그 내용을 말이나 글로 정리해 보세요.

이야기를 들으면서 내용을 수첩에 메모하는 것도 좋은 방법입니다.

나중에 정리할 사항을 상정하고 이야기를 들으면 경청하기가 한결 쉬워지게 됩니다.

'글에 대한 민감성 + 상상력'으로 이해하라

① 당신이 의자에 앉았다.

② 의자가 당신에 앉았다.

누구나 '①은 자연스럽고 ②는 부자연스럽다'라고 느낍니다.

의자는 스스로 움직이지 못하는 물체라서 무언가에 앉을 수 없기 때문입니다.

이처럼 우리는 뇌 속 자료실의 '이해 상자'를 통해 순식간에 다양한 판단을 내립니다.

③ 악어가 개구리를 잡아먹었다.

④ 개구리가 악어를 잡아먹었다.

③과 ④는 어떨까요? 역시 '③은 자연스럽고 ④는 부자연스럽다'라고 느낀 사람이 많았을 겁니다. 개구리가 악어를 잡아먹는 일은 흔하지 않으니까요.

하지만 가능성이 전혀 없지는 않습니다. 초대형 개구리가 새끼 악어를 잡아먹는 일도 드물지만 일어날 수 있습니다.

여러분이 만약 ③과 ④를 읽고 '③은 자연스럽고 ④ 역시 드물지만 가능한 일이다'라고 생각했다면 여러분의 뇌 속 자료실이 활성화되어 있다는 뜻입니다.

이처럼 흑백을 명확히 구분하는 일, 즉 말이나 글에서 유일한 답을 도출하는 일만이 이해의 역할은 아닙니다.

'80%는 흰색이지만 20%는 검정일 수 있다'라고 이해해야 할 때도 있고, '흰색부터 검정까지 점진적으로 변해 간다'라고 이해해야 할 때도 있습니다.

다시 말해 적절한 이해를 위해서는 '딱 잘라 판단해야 할 때'와 '딱 잘라 판단하지 않아도 될 때'를 구분할 필요가 있다는 말입니다.

'개구리가 악어를 잡아먹을 가능성은 적지만 그래도 불가능한 일은 아니다'라고 생각한 사람들이 발휘한 능력은 바로 '상상력'입니다.

그들은 뇌 속 자료실에서 악어라는 이해 상자와 개구리라는 이해 상자를 찾아 각각의 체격, 발육 과정, 순발력, 육식 동물로서의 전투 능력을 대조해 보고, 다양한 가능성을 타진한 끝에 그런 결론을 도출했을 것입니다.

인공지능은 이처럼 다양한 정보와 조건을 고려하여 생각하는(상상하는) 일은 아직 잘 해내지 못합니다. 아주 방대한 자료가 필요하기 때문이죠.

뒤집어 생각해 보면 상상력을 활용한 이해는 여전히 인간이 제일 잘하는 일이라고 할 수 있습니다. 이 능력을 계속 계발하면 인공지능 시대에도 귀중한 인재로 활약할 수 있을 것입니다.

'고유명사'와 '숫자'를 확인하라

이해력이 뛰어난 사람은 숫자와 고유명사를 눈여겨봅니다.

A와 B의 말을 읽고 두 사람의 전달 방식을 비교해 봅시다.

A: 상당한 매출이 기대됩니다.

B: 한 달에 약 1억 5천만 원의 매출이 기대됩니다.

A: 이전의 아이디어를 참고하겠습니다.

B: ○○부에서 실시했던 '편지 보내기 캠페인'을 참고하겠습니다.

양쪽 다 B의 말이 훨씬 이해하기 쉽습니다.

A는 '상당한'이나 '이전의' 같은 모호한 말을 써서 청자가 의미를 정확히 파악하기 어렵게 만들었습니다.

한편 B는 '한 달에 약 1억 5천만 원', '○○부', '편지 보내기 캠페인' 등 구체적인 숫자와 고유명사를 활용했습니다.

A처럼 말하면 오해가 생기기 쉽지만, B처럼 말하면 오해의 여지가 없습니다.

숫자와 고유명사는 '최고의 구체적 표현 수단'입니다.

특히 비즈니스 현장에서는 숫자와 고유명사를 적절히 활용함으로써 상호 이해도를 높일 수 있습니다.

모호한 표현을 접했을 때도 '대충 이해'하고 넘어가지 말고 질문을 통해 숫자와 고유명사를 확인하여 정확한 뜻을 이해해야 합니다.

- '상당한'이라고 하셨는데, 대략 얼마쯤을 예상하시나요?
- '이전'이라고 하셨는데, 이전의 어떤 아이디어를 말씀하신 건가요?

물론 여러분이 전달자가 되었을 때도 숫자와 고유명사

를 적극적으로 써서 상대의 정확한 이해를 도와야 합니다.

단, 일부러 상대를 속이거나 오해를 일으키기 위해 숫자를 쓰는 사람도 간혹 있으니 주의할 필요가 있습니다.

예를 들어 "매출이 전년도 대비 300% 신장했습니다"라고 누군가 말했다고 합시다. 물론 듣기 좋은 말이지만 알고 보면 전년도 매출이 엄청나게 저조했을지도 모릅니다.

숫자로 된 정보를 접했을 때는 숫자의 출처가 어디인지, 근거는 있는지 확인하여 정확성과 타당성을 검증하는 자세도 필요합니다.

4

이해력을 높이는 '책과 소설'

독서로 언어 능력을 단련하라

'독서'는 이해력을 높이는 데 큰 도움이 됩니다.

책은 언어(정보)의 바다이기 때문입니다.

책 속에는 새로운 지식과 개념과 생각 등 온갖 정보가 담겨 있습니다.

따라서 독서를 통해 다양한 지식과 간접 경험을 얻을 수 있습니다.

여러분도 지금 언어의 바다를 헤엄치고 있습니다.

이 책을 읽으며 새로운 지식과 사고방식, 가치관을 획득하는 중이니까요.

또 독서는 사고를 매우 활성화합니다.

여러분도 몇 초 전에 읽은 문장과 그 안에 담긴 정보를 머릿속에 담아두고, 그 정보를 활용하여 눈앞의 문장을 풀어 읽거나 뒤에 이어질 내용을 추측할 것입니다. 이처럼 책을 읽을 때마다 뇌 속 자료실은 그 어느 때보다 활발하게 돌아갑니다.

한편 인터넷에 올라온 글은 대개 간략하게 요약되어 있으므로 책을 읽을 때만큼 사고 기능을 활성화하지 못합니다.

인터넷 뉴스를 읽는 일을 3km짜리 단축 마라톤이라고 하면, 책 한 권을 완독하는 일은 42.195km짜리 정규 마라톤이라고 할 수 있습니다.

10만 자로 채워진 길을 달리다 보면 뇌 속 자료실이 확장되고 활성화되며 사고력과 이해력이 강화됩니다. 즉, 이해력이 강화되는 동시에 뇌 속 자료실이 갱신되는 것입니다.

이렇게 키워진 '읽는 힘'은 다음 책을 읽을 때도 큰 도움이 됩니다.

일본 정부가 2018년도에 실시한 '국어에 관한 여론 조사'에서는 "한 달에 책을 몇 권쯤 읽습니까?"라는 질문에 "한 권도 읽지 않는다"라고 대답한 사람이 47.3%나 되었습니다.

우리가 언어 능력을 키울 기회를 얼마나 많이 놓치고 사는지 알 수 있습니다.

당연한 말이지만 독서란 그 자체로도 '이해력'이 필요한 행위입니다.

이해력이 부족한 사람은 책 읽는 데 어려움을 느끼고, 이해력이 충분한 사람은 책을 효율적으로 이해하며 읽습니다.

그러므로 평소에 책을 별로 읽지 않는 사람은 일단 목표를 낮추는 게 좋습니다.

새로운 분야를 공부하고 싶은 사람도 읽을 책을 다음과 같이 단계별로 선택하면 더 효과적입니다.

① **초보자용**(기본 · 기초 편)

② **중급자용**(응용 · 실천 편)

③ **상급자용**(학술서 · 전문서)

갑자기 ②나 ③부터 읽는 선택은 좋지 않습니다.

내용을 이해하지 못해 읽는 데 시간이 오래 걸리고 스트레스를 받기 때문입니다.

처음부터 무리하면 독서가 고통스럽게 느껴져 더욱 자신감을 잃고 맙니다.

반면에 목표를 낮춰 ①부터 읽으면 독서가 편안해집니다.

내용이 쉽게 이해되므로 독서 자체가 즐겁게 느껴질 수 있습니다.

도서는 이미 아는 정보와 새로운 정보의 비율이 7:3 정도인 책이 이상적입니다. 모르는 정보만 가득한 책을 읽으면 뇌가 정보 처리 과정을 감당하지 못합니다.

초보자라면 ①을 먼저 읽고 기본 지식(정보)을 뇌 속 자료실에 보관하여 '이미 아는 정보'를 늘려야 합니다.

그러면 다음 ②를 읽을 때 새로운 정보가 30%의 비율을 차지하게 되어 자신에게 딱 맞는 수준으로 느껴지게 됩니다.

참고로 2022년 1월에 일본 쇼와 대학 연구팀이 '**책을 스마트폰으로 읽으면 독해력이 떨어진다**'라는 연구 결과를 발표했습니다.

이에 관해 연구팀은 "스마트폰으로 책을 읽으면 깊은 호흡이 억제되고 전두전야가 과도하게 활동하여 독해력이 저하될 가능성이 있다"라고 설명했습니다.

주로 스마트폰으로 책을 읽는 사람이 읽을수록 독해력이 점점 떨어진다고 느낀다면, 종이책을 읽어 보고 이해도에 차이가 있는지 비교해 보아도 좋겠네요.

이해력 있는 사람의 능동적 독서

독해력, 즉 이해력이 뛰어난 사람은 글을 읽을 때의 자세부터 다릅니다.

이들은 무슨 글이든 머리를 써가며 능동적으로 읽습니다.

이런 능동적인 독서를 '액티브 리딩'이라고 합니다.

풀어 설명하자면 '이해할 수 있겠지'라는 수동적이고 막연한 태도가 아닌 주체적이고 전략적인 태도로 글의 내용을 깊이 이해하는 독서법을 말합니다.

반면에 이해력이 부족한 사람은 책을 수동적으로 읽습니다.

심지어는 아무 생각 없이 글자만 눈으로 훑는 사람도 있습니다.

그런 사람은 어떤 책을 읽어도 내용을 이해하지 못해 머릿속에 남는 지식이 없습니다.

그러면 이해력 있는 사람의 '능동적 독서법'이란 구체적으로 어떤 방식일까요?

• 읽기 전반

① '글을 읽는 목적'을 생각하며 읽는다.

② '글의 결론'을 생각하며 읽는다.

③ '결론을 떠받치는 근거'를 찾아가며 읽는다.

④ '이렇게 이해하는 게 맞을까?'라고 의심하며 읽는다.

※ '대충 이해하기' 금지

• 읽기 전에 준비할 것

① 목차나 소제목, 표제 등을 사전에 훑어본다(전체적인 내용을 파악한다).

② 다 읽은 후 어떻게 표현할지 정해 둔다(말하기, 쓰기, 설명하기).

• 읽으면서 생각할 것

① 기존의 '이해 상자'와 관련지어 읽는다(공통점과 차이점을 생각해 본다).

② 가설을 세우고 다음 내용을 상상(예측)하며 읽는다.

③ '왜?', '뭐가?', '무슨 소리야?'라고 지적하며 읽는다.

④ 단락마다 '무슨 말을 하려는 걸까?'라고 생각하며 읽는

다. → 단락별로 요약한다.

⑤ '단락 사이의 연결'을 생각하며 읽는다. → 접속사에도 주목한다.

• **읽으면서 실천할 것**

① 기억에 남기고 싶은 부분, 중요한 부분에 줄을 긋거나 표시한다.

② 중요한 부분은 메모로 옮겨 적는다(중요한 부분 몇 곳만 발췌한다).

③ 문장으로 표현된 내용을 도표나 표로 요약한다.

• **읽다가 이해가 안 될 때 실천할 것**

① '내가 무엇을 모르는가'를 생각하며 읽는다.

② 이해가 안 되는 부분은 속도를 늦춰 꼼꼼히 읽는다.

③ 이해가 안 되는 부분은 여러 번 반복해서 읽는다.

④ 모르는 말은 즉시 찾아본다.

• **읽은 후 실천할 것**

① 다 읽으면 말하기, 쓰기, 설명하기 등으로 표현한다.

② 책 내용에 관한 질문을 받고 대답한다.

③ 학습용 책이라면 이해하지 못한 곳만 노트에 정리한다.

이것이 액티브 리딩의 포인트입니다.

여기서 실천할 수 있을 듯한 것부터 도전해 봅시다.

액티브 리딩을 습관화하면 독해력과 이해력이 향상되고 뇌 속 자료실도 확장되며 활성화됩니다.

처음에는 읽는 속도가 느려도 괜찮습니다.

익숙해지면 속도가 점점 빨라질 테니까요.

이해력 있는 사람의 능동적 독서법

【읽기 전반】

글을 읽는 목적을 생각하면서 읽는다.
글의 결론과 근거를 생각하며 읽는다.

【읽기 전에 준비할 것】

목차나 소제목, 표제 등을 사전에 훑어 본다.

【읽으면서 생각할 것】

기존의 '이해 상자'와 관련지으며 '왜?', '뭐가?', '무슨 소리야?'라고 지적하며 읽는다.

【읽으면서 실천할 것】

기억에 남기고 싶은 부분, 중요한 부분에 줄을 긋거나 표시한다. 제일 중요한 부분은 메모로 옮겨 적는다.

【읽다가 이해가 안 될 때 실천할 것】

모르는 말은 즉시 찾아본다.

【읽은 후 실천할 것】

다 읽으면 말하기, 쓰기, 설명하기 등으로 표현한다.

'쉽게 쓰기'로 이해력을 연마하라

이해력이 뛰어난 사람일수록 글을 쉽게 쓰려고 노력합니다.

그들은 글을 쓸 때마다 '어떻게 하면 글이 쉽게 읽힐까?', '어떻게 하면 글이 쉽게 이해될까?', '어떻게 하면 글이 재미있을까?'라고 고민합니다.

독자의 관점에서 쉽게 읽히는 글을 쓸 줄 아는 사람은 나중에 다른 사람의 글을 읽을 때도 그것이 좋은 글인지 나쁜 글인지 금세 알아챕니다.

'흐름을 잘 설계했구나', '단어와 표현을 꼼꼼히 골랐구나', '중요한 정보를 빠뜨렸네?'라는 식으로, 좋은 면과 나쁜 면이 자연스럽게 눈에 들어옵니다.

글을 쉽게 쓰려고 노력하지 않는 사람은 그렇지 않습니다.

어떤 글이 읽기 쉽고 어떤 글이 읽기 어려운지는 (대강) 알지만 '왜 그런 차이가 생겼는지'는 알아채지 못합니다.

이 원리는 인생 전반에도 적용할 수 있습니다.

실제로 어떤 일을 경험한 사람과 경험하지 못한 사람은 보는 관점 자체가 달라서 이해의 폭과 깊이도 다릅니다.

격투기를 해 본 적 없는 사람은 격투기를 보며 "주먹을 뻗어야지!", "내가 더 잘하겠다!"라는 말을 거침없이 내뱉습니다.

하지만 격투기를 해 본 사람은 '상대가 틈을 주지 않아 주먹을 못 뻗고 있구나'라고 금방 알아챕니다.

눈에 보이지 않는 기 싸움이 그의 눈에는 보이기 때문입니다.

일이든 스포츠든 예술이든, 실제로 겪어 보고 얻는 경험치가 엄청난 차이를 만듭니다.

글을 쉽게 쓰려고 노력하다 보면 독해력과 문맥 이해력도 점점 향상됩니다.

독자의 오해를 방지하기 위해 이것저것 고민했던 과정이 다른 정보를 이해할 때 큰 도움이 될 것입니다.

소설과 영화로 인간에 대한 이해를 높여라

소설이나 영화도 이해력을 높이는 데 매우 효과적인 도구입니다.

소설을 읽거나 영화를 감상하면 다음 세 가지 효과를 얻을 수 있습니다.

• 소설과 영화의 효과 ① 문맥 이해

소설과 영화에는 줄거리가 있습니다. 줄거리를 이해한다는 말은 문맥을 이해한다는 뜻입니다.

문맥을 이해한다는 말은 각각의 이야기가 어떻게 연결되어 큰 줄거리를 형성하는지, 이야기의 배경에는 어떤 의도나 진실이 숨어 있는지 알아챈다는 뜻입니다.

A씨는 평소에 일을 잘해서 상사의 평가가 대체로 좋다.
→ 어제 여자친구와 싸우다 헤어지자는 말까지 나왔다.
→ 오늘 일하다 실수를 많이 해서 상사에게 싫은 소리를 들었다.

소설이나 영화에서 이런 장면을 보고 'A씨가 오늘따라 왜 이렇게 실수를 많이 했을까?'라고 궁금해했다면 이해력이 낮은 사람이라고 할 수 있습니다.

"A씨는 어제 여자친구와 싸워서 일에 집중하지 못했다"라는 문맥을 읽지 못했기 때문입니다.

한편 이해력 있는 사람은 'A씨는 여자친구와 싸우고 나서 잠을 푹 자지 못했을 것이다. 일하다 실수를 많이 한 것은 수면 부족 때문일 수도 있다'라는 식으로 숨겨진 문맥까지 읽어냅니다.

그래서 실수가 잦았던 이유를 '여자친구와의 다툼 + 수면 부족'으로 추측하기도 합니다.

문맥을 읽는 행위는 이처럼 한 장면만 보지 않고 전후 정보와 주변 정보까지 살피면서 무슨 일이 있었는지 주의 깊게 관찰하고 추측합니다.

소설과 영화를 많이 보고 주의 깊게 관찰하는 습관을 들이면 문맥 이해력이 향상됩니다.

• 소설과 영화의 효과 ② 인간 이해

소설과 영화로 '간접 체험'을 얻는 일은 이해력을 강화하는 데 매우 효과적입니다.

간접 체험이란 '작품 등을 통해 타인의 체험을 자신의 체험으로 생생하게 받아들이는 것'을 말합니다. 우리는 소설과 영화를 통해서 주인공의 기쁨과 즐거움뿐만 아니라 고뇌와 갈등, 슬픔, 분노, 애절함 등 다양한 감정을 생생하게 맛볼 수 있습니다.

비록 가상이지만 타인의 인생을 함께 경험하며 이해하는 셈입니다.

또 소설과 영화에는 다양한 등장인물이 나옵니다.

의협심 넘치는 영웅도 있고 마구잡이로 사람을 죽이는 살인마도 있죠.

모두 성격도 사고방식도 가치관도 가지각색입니다. 선한 사람의 마음에 악이 싹트기도 하고 악한 사람의 마음에 숨어 있던 선한 면을 보게 될 때도 있습니다.

이처럼 소설과 영화는 다양한 사람을 만나는 통로가 됩니다.

등장인물을 통해 새로운 사고방식과 가치관을 접할 때마다 우리의 뇌 속 자료실이 갱신됩니다.

가령 질투심이 강한 등장인물을 보고 나면 '질투심 강

한 사람'이라는 '이해 상자'가 갱신됩니다.

이렇게 '질투심 강한 사람'의 최신 데이터를 추가해 두면 현실 세계에서 질투심 강한 사람을 만나도 차분하게 대응할 수 있습니다.

한편 '질투심 강한 사람'을 전혀 이해하지 못하면 실제 삶에서 본의 아니게 복잡한 인간관계에 휘말릴 수 있습니다.

이야기를 통해 다양한 사람을 미리 만나 보면 실제 인간관계에서 다양한 사람을 만날 때도 '이런 사람도 있더라'라며 받아들일 수 있습니다.

인간관계에서는 이렇게 '받아들이는' 자세가 상대를 이해하는 첫걸음이 됩니다.

• 소설과 영화의 효과 ③ 교양을 쌓는다

소설이나 영화에서는 자신의 일상과는 동떨어진 설정이나 장소, 인물, 사건 등이 종종 등장합니다.

이처럼 국경을 초월하여 세계 각국의 역사, 문화, 산업, 생활, 풍습, 상식, 정치, 경제 등을 접하다 보면 뇌 속 자료실이 확충되고 활성화됩니다.

이렇게 쌓은 지식은 원래의 인격과 어우러져 '교양'으로 축적됩니다. 교양이 쌓일수록 인생을 보는 시각이 넓어지고 인간성이 고매해집니다.

교양이 쌓이면 뇌 속 자료실의 정보 네트워크도 강화됩니다.

그러면 새로운 정보를 접할 때마다 그 정보의 본질과 사용법을 재빨리 이해하게 됩니다. 교양은 아이디어의 씨앗이 되기도 하며 자기주장과 행동의 근거가 되기도 합니다.

다시 말해 교양을 심화하면 외부 표현 능력도 향상되는 셈입니다.

교양을 갖추었을 때 솟아나는 '여유'나 '자신감'은 인생에 큰 영향을 미칩니다.

정보를 많이 갖출수록 업무에서나 사생활에서나 불안과 고민을 덜 느낍니다. 문제를 해결할 대책을 알고 있기 때문입니다.

단, 위에서 말한 세 가지 효과를 누리려면 책을 수동적으로 '즐기는' 태도가 아니라 능동적으로 '풀어 읽는' 태도가 필요합니다(112쪽 참조).

소설과 영화에 담긴 정보를 빠짐없이 관찰 · 분석하고 기존 '이해 상자'를 활용하여 작품의 진의, 배경, 문맥 등을 추측해 보세요. 지금까지 말씀드린 여러 방식을 활용하여 줄거리를 이해할 뿐만 아니라 그 줄거리에 드러난 다양한 메시지를 이해하려고 노력합시다.

제 3 장

2단계 -
'줄기 → 가지 → 잎'
순서로 이해한다

1

이해의 기본 순서는 '전체 → 세부'

주제부터 파악하라

다음은 무엇을 설명하는 글일까요?

> Google, Apple 등 세계적 기업에서도 도입했다고 합니다. 할리우드 스타 등 유명인들이 실천하는 것으로 유명해졌습니다. 머리를 어지럽히는 잡념과 일상의 스트레스를 자각할 수도 있습니다. 또 고요함

속에 자신의 마음을 마주할 수 있습니다. 호흡과 신체 상태에 집중하여 머릿속을 맑게 가라앉히는 행위입니다.

답은 '명상'입니다.

답을 알고 나면 '아, 그렇구나'라고 이해가 가지만 듣기 전에는 무슨 이야기인지 눈에 잘 들어오지 않았을 수 있습니다.

이처럼 주제를 모르면 독해력이 현저히 떨어집니다.

잡담하는 사람들 사이에 끼어들고 나면 한동안 그들이 무슨 말을 하는지 알아들을 수 없습니다.

그러나 '무엇에 관한 이야기인지(= 주제)' 알고 나면 그때까지 들었던 이야기가 한꺼번에 이해됩니다.

실제로 그런 경험을 한 사람도 적지 않을 테고요.

이야기를 이해하려면 주제를 파악하는 일이 그만큼 중요합니다.

그래서 남의 말을 듣거나 글을 읽을 때마다 '이건 무엇에 관한 이야기일까?'라고 생각하는 습관이 필요합니다.

제일 먼저 주제를 파악해야 합니다.

처음부터 주제를 알게 될 때도 있지만 처음에는 '커피 이야기인가? 차 이야기인가?'하고 헷갈리다가 '아니, 카페인 이야기구나!'하고 깨달을 때도 있습니다.

물론 중요한 손익이 걸린 이야기라면 처음부터 "무엇에 관한 이야기입니까?"라고 주제를 직접 확인하는 편이 좋습니다.

참고로 앞서 소개한 글은 다섯 개의 문장을 주제와 관련성이 낮은 순서로 나열했습니다. 주제를 맞히기 어렵게 하려고 일부러 그렇게 나열했습니다.

그래서 '호흡과 신체 상태에 집중하여 뇌 속을 맑게 가라앉히는 행위입니다'라는 마지막 문장을 보고 정답을 맞힌 분이 많으리라 생각합니다.

하지만 실제로 글을 통해 어떤 주제를 전달할 때는 독자가 이해하기 쉬운 순서로 정보를 나열하는 것이 기본입니다.

앞의 글을 이해하기 쉽게 수정하면 이렇게 됩니다.

> '명상'이란 호흡과 신체 상태에 집중하여 머릿속을 맑게 가라앉히는 행위입니다. 명상을 통해 고요함 속에 자신의 마음을 마주할 수 있습니다. 또 머리를 어지럽히는 잡념과 일상의 스트레스를 자각할 수도 있습니다. 명상은 할리우드 스타 등 유명인들이 실천하는 것으로 유명해졌습니다. Google, Apple 등 세계적 기업에서도 도입했다고 합니다.

책의 경우, 각각의 목차(소제목)가 지금 말하는 '주제'에 해당합니다.

참고로 이번 절의 소제목은 '주제부터 파악하라'였습니다.

이 소제목을 꼼꼼히 읽은 사람의 이해도와 건성으로 지나친 사람의 이해도는 상당히 다를 것입니다.

물론 전자의 이해는 '빠르고 깊은 이해'이고 후자의 이해는 '느리고 얕은 이해'가 되겠죠.

앞으로 책을 읽는다면 소제목을 읽었을 때와 읽지 않았을 때의 독해력을 비교해 보세요.

소제목을 읽었을 때 본문의 내용이 더 잘 이해된다고 느낄 것입니다.

이 이야기(글)의 줄기(전체)는 무엇일까?

사람은 '전체에서 세부'의 순서로 설명을 들었을 때 내용을 더 깊이 이해할 수 있습니다.

다음 ①~③은 어떤 사물에 대한 설명입니다. 여러분이 몇 단계에서 정답을 맞히는지 알아볼까요?

① 길이는 3.5m, 무게는 주로 20t 정도다. 최대급은 길이 20m, 무게 90t에 달한다.

② 바다에 면한 돌 제단 위에 있으며, 대부분 주거 유적을 둘러싸듯 바다 쪽으로 등을 돌리고 있다.

③ 사람 얼굴을 본뜬 석상으로 남미 칠레의 영토인 이스터

섬에 있다.

답은 '모아이 석상'입니다.

사실 이 글은 '세부 → 전체' 순서로 나열되어 있습니다.

나무에 비유하면 '잎(①) → 가지(②) → 줄기(③)' 순서로 되어 있는 셈이죠.

아마 ③까지 읽고 나서야 정답을 알아챈 사람이 많으리라 생각됩니다. 많은 사람의 머릿속에 '이스터섬 = 모아이'라는 '이해 상자'가 있기 때문입니다.

②까지 읽고 정답을 맞힌 사람은 소수일 테고 ①만 읽고 정답을 맞힌 사람은 극소수일 것입니다.

대부분이 '이스터섬 = 모아이'라는 이해 상자밖에 없을 테니까요.

한편 '③ → ② → ①' 순서로 글을 읽는다면 어떻게 될까요?

처음부터 '모아이'에 관한 글임을 알면 ②와 ①도 스트레스 없이 이해할 수 있습니다.

아니, 그보다 더 전에(③ 앞에서) '모아이 석상에 관해 설명하겠습니다'라는 식으로 굵은 줄기를 공개했다면 전체 내용을 더더욱 효과적으로 이해할 수 있었겠죠.

그러므로 다른 사람의 이야기나 글을 접할 때는 '이 이야기(글)의 줄기(전체)는 무엇일까?'라고 계속 생각하는 게 효과적입니다.

줄기를 이해하면 가지와 잎까지 잘 이해할 수 있고, 줄기를 이해하지 못하면 가지와 잎도 정확히 이해하기 어렵습니다(전혀 이해하지 못할 때도 있습니다).

하지만 누구나 이야기를 '전체 → 세부' 순서로 능숙하게 구성하지는 못합니다.

심지어 순서는 안중에도 없다는 듯이 두서없이 말하거나 글을 쓰는 사람도 있습니다.

그런 사람의 말이나 글을 접할 때는 더 능동적으로 '이야기의 줄기'를 파악할 필요가 있습니다.

'전체 → 세부'로 이해한다

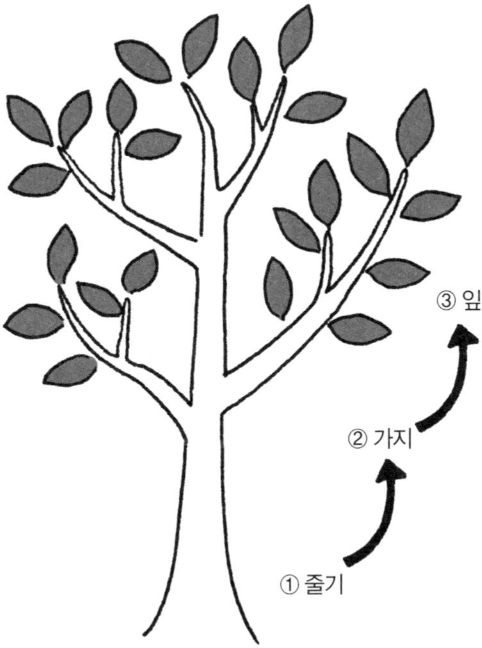

사람은 '전체' → '세부'의 순서일 때 이해를 심화한다.

⬇

다른 사람의 이야기나 글을 접할 때 '이 이야기(글)의 줄기(전체)는 무엇일까?'라고 계속 생각해야 이해가 빨라진다.

아무리 봐도 주제가 나타나지 않을 때는 "이건 ○○에 관한 이야기입니까?", "이 이야기의 핵심은 ○○입니까?"라고 확인해도 좋습니다.

그리고 남에게 무언가를 전달할 때는 전체부터 이야기하고 세부를 이야기하도록 합시다(웃음을 유발하기 위한 '에피소드 토크'[4]는 예외).

이해하기 쉬운 순서대로 이야기를 전달하다 보면 '사람의 정보 이해 과정'이나 '줄기 → 가지 → 잎 순서로 내용을 파악하는 요령'을 저절로 익힐 수 있습니다.

---

4) 어떤 인물이나 사건에 관한 재미있는 일화를 이야기하는 것. 토크쇼나 버라이어티 방송에서 연예인들이 하는 이야기가 전형적인 예다.

2

이해를 심화하는 13가지 접근법

이해를 심화하는 접근법 ① '글로 써서' 이해한다

읽은 책이나 들은 이야기를 글로 정리하면 이해력이 대폭 향상됩니다.

나중에 글로 정리할 것을 상정하고 글을 읽으면 집중력이 높아져서 '전체 흐름'이나 '사물의 본질'을 이해하기도 쉽습니다.

말을 들을 때든 글을 읽을 때든, 각각의 구체적인 정보뿐만 아니라 '정보들이 큰 문맥 속에서 어떻게 연결되어 있고 각각 어떤 역할을 담당하느냐' 하는 대국을 파악해야 합니다. 글로 정리해 보면 이 대국이 훨씬 빨리 눈에 들어옵니다.

'적고 싶지만, 정리가 잘 안 된다'라고 고민하는 사람도 이제는 걱정할 필요가 없습니다.

적는 행위 자체에 정리하는 효과가 있기 때문입니다. 다시 말해 '정리하여 적기'가 안 되는 사람은 '정리하기 위해 적기'를 하면 됩니다.

적다 보면 생각이 점점 질서를 찾아 가지런하게 정리될 것입니다.

그러나 새로운 정보를 적을 때는 약간의 혼란이 발생할 수 있습니다.

이는 뇌에 '이해 상자'를 만들 때 일어나는 '흔한 일'입니다.

아직 이해에 도달하지 않았으므로 뇌가 '이 정보는 어

디 보관해야 하지?'라고 잠시 생각하고 있을 뿐입니다.

그런 고민은 대부분 금세 해결됩니다.

스스로 적어 놓은 정보를 객관적으로 관찰하다 보면 '아, 그렇구나!', 'A와 B가 같은 종류였구나!', 'C인 줄 알았는데 D였네!', 'E라는 이유로 그런 결과가 나온 거였어!'라는 식으로 다양한 깨달음을 얻을 수 있습니다.

글로 적어 보면 자신이 '무엇을 이해하지 못하는지' 깨달을 수도 있습니다.

또, 적는 동안 새로운 의견이나 아이디어가 떠오르는 일도 많습니다.

무엇이든 좋으니 '일단 적어 보는 것'이 정답입니다.

'정리된 후 적겠다'라는 생각을 버리고 '정리하기 위해 적겠다'라고 생각합시다.

이해를 심화하는 접근법 ② '그물식'으로 이해한다

'관심 있고 재미있는 일일수록 이해도가 높아진다'

독자 여러분도 이 말에 대부분 찬성할 것입니다.

남에게 추천받은 책을 아무리 읽어도 머리에 들어오지 않을 때가 있습니다.

특히 책의 주제가 자신의 관심사와 동떨어져 있을수록 그런 경향이 더 강해집니다.

그래서 제가 추천하는 방법이 '그물식 독서법'입니다.

재미있는 주제를 다룬 책을 한 권 읽은 후, 그 책에 관련된 책을 차례차례 읽어나가는 방식이죠.

예를 들어 평소 경영에 관심이 있어서 경영에 관한 책을 한 권 읽었다면, 다음에는 거기 언급된 유명한 경영자의 자서전을 찾아서 읽어 보는 겁니다. 그 다음에는 자서전에서 자주 등장한 특정한 지역에 관한 책을 찾아서 보면 됩니다. 그야말로 재미 위주의 독서법이라고 할 수 있죠.

이렇게 재미를 따라다니다 보면 지적 호기심이 계속해

서 솟아납니다.

또 그 호기심이 다양한 대상(주제)에 관한 '깊은 이해'를 실현할 수 있습니다.

물론 맡은 업무나 책임 때문에 재미없는 책을 읽어야 할 때도 있습니다.

그럴지라도 재미없는 정보와 재미있는 정보 사이의 연결고리를 찾아서 그물을 이어 나갈 방법을 찾아봅시다.

예를 들어 '기업의 브랜드 전략'을 공부해야 한다면 평소에 애용하는 브랜드인 '무인양품'의 전략을 다룬 책으로 공부를 시작할 수 있습니다.

'그물식'이란 이해력 향상에 매우 중요한 키워드입니다.

자신의 관심사를 그물처럼 엮어서 이해하면 뇌 속 자료실에 '이해 상자'를 보관하기가 쉬워집니다.

여러 관심사의 공통점을 발견하는 순간 본질적인 깨달음을 얻는 등, 이해 상자 간에 상호작용도 활발하게 일어나므로 새로운 이해를 진전시키기도 쉽습니다.

이해를 심화하는 접근법 ③ '비교'하며 이해한다

저 사람은 머리가 좋다.

저 회사는 경기가 좋다.

저 가게는 분위기가 좋지 않다.

저 영화는 재미있다.

우리가 아무 생각 없이 쓰는 표현 뒤에는 '비교'가 숨어 있을 때가 많습니다.

위의 문장들도 알고 보면 누군가(무언가)와 비교해서 '머리가 좋다', '경기가 좋다', '분위기가 좋지 않다', '재미있다'라고 말하고 있습니다.

비교는 새로운 정보를 이해할 때도 활용됩니다.

예를 들어 영업소 A가 이번 달에 8억 5천만 원의 매출을 올렸다고 합시다.

비교를 활용하지 않으면 '이번 달 매출은 8억 5천만 원이다' 외의 다른 정보를 얻을 수 없습니다.

그러나 비교를 활용하여 사고하는 사람은 추가적인 정

보를 찾아내 이해를 심화합니다.

① 지난달과 비교하여 → 천만 원 늘었다.

② 작년의 같은 달과 비교하여 → 4천만 원 줄었다.

③ 동급인 B 영업소와 비교하여 → 3천만 원 적다.

비교해 보았더니 새로운 정보가 드러났습니다.

①~③을 통합한 결과 '지난달보다 약간 올랐으나 작년보다 훨씬 저조했고 타 영업소에도 크게 뒤처졌다'라는 이해에 도달할 수 있었습니다.

만약 ②와 ③이 생략되었다면 어땠을까요?

'매출이 지난달보다 천만 원 올랐으므로 호조였다'라는 '부정확한' 결론에 머물렀을 것입니다.

즉, '대충 이해한' 상태로 끝나고 말았겠죠.

특히 비즈니스 현장에는 비교를 활용하여 파악해야 할 정보가 많습니다.

단, 무엇과 비교해야 올바른 이해, 깊은 이해, 진짜 이해에 도달할 수 있을지는 그때그때 달라집니다.

정확한 이해를 위해서는 언제나 '무엇과 비교하면 좋을까?'라고 생각하는 습관을 들여야 합니다.

이해를 심화하는 접근법 ④ '도표'로 이해한다

그래프, 비교표, 차트, 상관도 등 '도표'는 이해를 심화하는 데 매우 효과적인 도구입니다.

말이나 글은 기본적으로 순서대로 듣거나 읽게 되어 있습니다.

반면에 도표는 어느 방향에서든 자유롭게 볼 수 있으므로 전체적인 위치 관계를 참고하여 이해를 심화할 수 있습니다.

상품 A와 상품 B의 월간 매출을 보면 4월에 상품 A가 550만 원이고 상품 B가 170만 원이었습니다. 그 후 상품 B의 매출이 신장한 결과 7월에 960만 원으로 올라 580만 원이었던 상품 A의 매출을 앞질렀습니다. 3개월 후 10월에는 상품 B의 매출이 1,200만

원까지 올라 하강 곡선을 그리는 상품 A의 매출 400만 원과의 차이를 3배까지 벌렸습니다.

이것은 상품 A와 상품 B의 매출 추이를 설명한 글입니다.

많은 독자가 '한 번 읽고서는 내용을 파악하기 어렵다'라고 느꼈을 듯합니다.

한편 똑같은 내용을 그래프로 나타내면 어떻게 될까요? 다음 페이지 도표 ①을 봅시다. 아마 상품 A와 상품 B의 매출 추이를 단숨에 파악했을 것입니다.

도표 ① 상품 A와 상품 B의 매출 추이

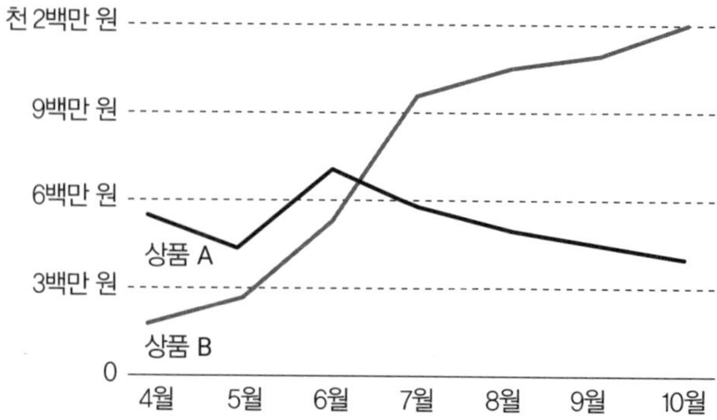

매출이 언제 역전되었는지도 한눈에 알 수 있고, 10월에 매출 격차가 3배로 벌어진 상황도 쉽게 확인할 수 있습니다.

도표가 이해에 얼마나 효과적인지 더 알아보기 위해 다음 도표 ②~⑥을 살펴봅시다.

도표 ② 기념품 판매 내역

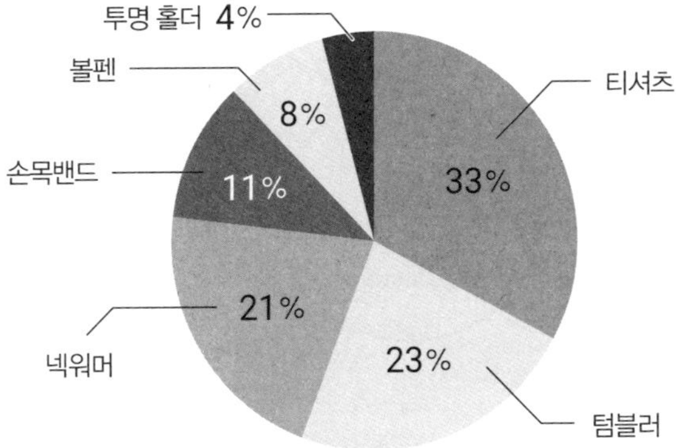

도표 ③ 글의 구조

도표 ④ 시장 기회의 발견(3C 분석)

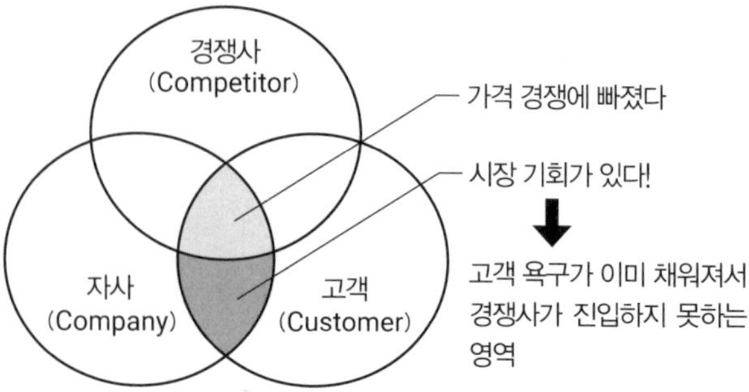

도표 ⑤ 중요도·긴급도 매트릭스

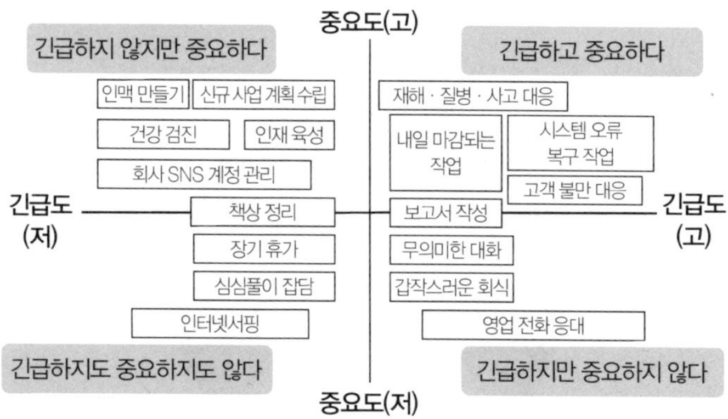

도표 ⑥ 점포 매출 세분화

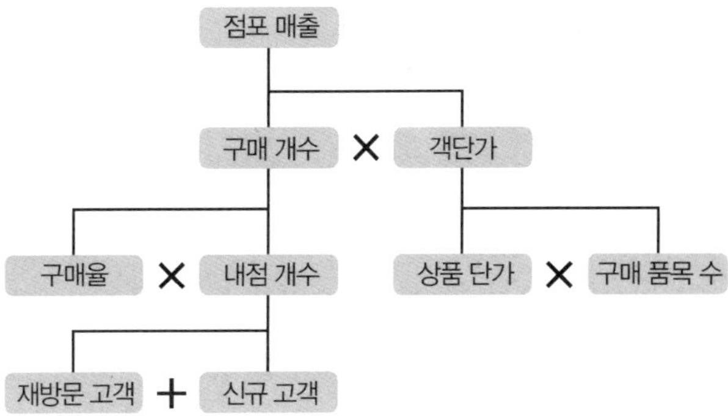

도표 ②~⑥에는 일부러 문자로 된 해설을 넣지 않았습니다.

그래도 각각의 도표가 무엇을 전달하려 하는지 어느 정도 이해했을 것입니다.

모든 도표의 목적은 '그룹화'입니다. 세부 항목들을 시각화된 그룹으로 묶어서 글만으로 파악하기 어려운 정보를 쉽게 파악하도록 하려는 목적입니다.

상대의 말이나 글의 의미를 이해하기 어려울 때는 간이

도표를 그려 봅시다.

직접 도표를 그려 보면 즉시 '그렇구나!'라고 의미를 이해할 수 있게 됩니다.

물론 여러분이 '남에게 정보를 전달할 때'도 마찬가지입니다.

'이런 식으로는 제대로 전달되지 않을 거야'라는 생각이 든다면 말이나 글에만 의존하지 말고 도표를 활용하는 편이 좋습니다.

이해를 심화하는 접근법 ⑤ '논리, 이치'로 이해한다

일본에는 '바람이 불면 통장수가 돈을 번다'라는 속담이 있습니다.

"바람이 불면 흙먼지가 일어 눈에 들어가므로 눈이 머는 사람이 늘어난다. 눈먼 사람들은 주로 샤미센[5]으로 생계를 꾸리므로 샤미센 통에 쓰이는 고양이 가죽의 수요가

5) 일본 전통 현악기

늘어난다. 고양이가 줄어들면 쥐가 늘어나고 쥐들이 통을 갉아먹으니 통을 더 만들어야 하고 결국은 통장수가 돈을 많이 번다."

원래는 어떤 일이 전혀 관계없어 보이는 다른 장소나 사물에 영향을 미치는 현상을 비유적으로 이르는 속담이지만, 요즘은 인과관계가 전혀 없는 일들을 억지로 갖다 붙이는 상황을 조롱할 목적으로 쓰일 때가 많습니다.

'바람이 불면 흙먼지가 일어 눈에 들어가므로 눈이 머는 사람이 늘어난다'라는 첫 문장부터 억지에 가깝습니다. 실제로 그럴 확률은 0.001%도 되지 않을 테니까요.

이유를 갖다 붙이는 데에도 정도가 있을 텐데 이건 너무 심합니다.

인과관계가 거의 없는 일들을 몇 개나 줄줄이 늘어놓고 '바람이 불면 통장수가 돈을 번다'라고 아무리 우겨 봤자 수긍해 줄 수가 없습니다.

그런데도 이해력이 부족한 사람들은 이 말을 믿어 버립니다.

'논리'와 '이치'에 둔감해서 그렇습니다.

물론 상대의 말을 있는 그대로 받아들이는 자세도 필요합니다.

그러나 논리가 손상되어 있거나 이치에 어긋난 말이라면 문제를 제기해야 합니다.

상대의 말을 올바르게 이해하려면 'A이므로 B이다', 'B이므로 C이다'라는 인과관계를 꼼꼼히 따져 볼 필요가 있습니다.

논리적 연결이 과연 타당한지 그때그때 점검해야 합니다.

이해력 있는 사람이라면 앞의 속담을 떠들어 대는 상대에게 "흙먼지가 눈에 들어갔을 때 눈이 멀 확률이 얼마나 되나요? 혹시 데이터를 보여 주실 수 있나요?"라며 확인을 요청할 것입니다.

올바른 이해를 위해 인과관계를 따져 본다

상대의 말을 아무 의심 없이 받아들인다 = 이해력 없는 사람

내용을 제대로 이해하려면 논리적 연결이 과연 타당한지 그때그때 점검해야 한다.

물론 여러분이 남에게 무언가 전달할 때도 이야기의 논리를 명확히 하고 문장 사이의 인과관계를 강화할 필요가 있습니다.

이치에 맞지 않는 말을 늘어놓으면 상대를 이해시키기는커녕 자신의 신용도만 떨어지기 때문입니다.

이해를 심화하는 접근법 ⑥ '구체적 사례'로 이해한다

모든 말은 어느 정도의 '추상성'과 '구체성'을 함께 갖고 있습니다.

가령 '음식'이라는 개념은 추상성이 높지만, 이 말을 '채소 → 토마토 → 방울토마토', '과일 → 딸기 → 킹스베리'로 세분화하면 구체성이 높아집니다.

사람은 무엇이든 '구체'와 '추상'을 오가면서 이해합니다.

그러므로 추상적인 설명에 구체적인 사례를 추가하면 이해를 크게 진전시킬 수 있습니다.

무턱대고 "노인 세대에 봉사하겠습니다"라고 선언해

봤자 너무 추상적인 말이라서 뭘 어떻게 하겠다는 건지 정확한 이미지가 떠오르지 않습니다.

반면 "한 달에 한 번 지역 내 20개 요양원에 수제 과자를 배달하겠습니다"라고 구체적인 계획을 설명하면 '공헌'의 내용과 이미지가 명확하게 떠오르죠.

이처럼 구체적 사례를 설명해야 청자(독자)가 머릿속에 이미지를 쉽게 떠올립니다.

참고로 말의 추상도는 '행동'에도 큰 영향을 미칩니다.

'고령자에게 공헌하겠다'(추상적)라는 말은 행동으로 옮기기가 어려운 한편, '수제 과자를 가져다드리겠다'(구체적)라는 말은 행동으로 옮기기가 상대적으로 쉽습니다.

업무 현장에서 '구체적인 말'을 써야 하는 이유도 그 때문입니다.

다시 말해 여러분도 상대의 말을 깊이 이해하고 확실한 행동을 개시하고 싶다면 상대에게 이렇게 질문할 필요가 있습니다.

그 말은 구체적으로 어떤 뜻입니까?

구체적인 사례를 들어 주시겠습니까?

구체적으로는 어떻게 하면 좋을까요?

좀 더 자세히 설명해 주시겠어요?

나중에 '자세한 설명을 듣지 못했다'라고 변명해도 소용없습니다.

여러분이 상대에게 구체적인 정보를 요구하지 않았던 탓도 있으니까요.

상대에게만 맡겨두지 말고 스스로 능동적으로 나서서 이해를 진전시켜야 합니다.

물론 남에게 무언가를 전달할 때도 '구체적 사례'를 활용하는 편이 더 효과적입니다.

상대가 여러분의 말을 잘 이해하지 못하는 듯하거나 전달받은 내용을 행동으로 옮기기 어렵겠다는 생각이 들 때일수록 '구체적 사례'를 전달할 필요가 있습니다.

이해를 심화하는 접근법 ⑦ '오감'으로 이해한다

이해는 머리로만 이뤄지지 않습니다.

인간은 정보를 '오감'으로도 이해합니다.

오감은 다음과 같습니다.

① 시각(눈으로 보기)

② 청각(귀로 듣기)

③ 후각(코로 냄새 맡기)

④ 미각(입이나 혀로 맛보기)

⑤ 촉각(손이나 피부로 만지기)

두 가지 예를 들어 보겠습니다.

게임 업계 종사자가 'G-STAR(국제게임전시회)'에 참가하거나 음식 업계 종사자가 '국제식품박람회'에 참가한다면, 둘 다 오감을 전면적으로 가동할 필요가 있습니다.

- [시각] 무엇을 보았는가? / 색·모양·디자인은 어땠는가?

- [청각] 어떤 소리, 어떤 효과음이 들렸는가? / 조리실에서는 어떤 소리가 났는가?
- [후각] 어떤 향기, 어떤 냄새가 났는가?
- [미각] 맛·식감·목 넘김은 어땠는가?
- [촉각] 촉감·질감·체감은 어땠는가?

두 사람은 전시장에 입장한 후 퇴장하기까지 수많은 부스를 돌아다니며 시연을 보고 모의 체험에 참여하며 음식을 시식하고 상담을 진행합니다. 그러면서 다양한 정보를 오감으로 받아들입니다. 그리고 나중에는 그 정보를 외부로 내보낼 것입니다.

새로운 게임을 제대로 이해하고 평가하려면 실제로 게임을 해 보아야 합니다.

마찬가지로 새로운 요리의 후각 정보와 미각 정보를 정확히 이해하려면 요리를 직접 맛보아야 합니다.

상품 포장지에 '상상을 초월하는 매운맛'이라고 아무리 강조되어 있어도, 실제로 맛보았을 때 (평균적인 미각의 소유자인) 여러분이 상상했던 수준이라면 '흔한 매운맛'일

뿐입니다.

언어 정보에만 의존하기보다 다양한 정보를 오감을 통해 입체적으로 수집하면 더 정확하고 깊이 있는 이해를 얻을 수 있습니다.

하지만 일할 때만 오감을 발동시키려 하면 마음대로 되지 않습니다.

통근 시간, 점심시간, 휴일 등 평소에도 오감을 동원하여 이해하는 습관을 들여야 합니다.

이해를 사고에만 의존해서는 안 됩니다.

'몸 전체'로 이해하는 것이 중요합니다.

이해를 심화하는 접근법 ⑧ '요약'하며 이해한다

글을 풀어 읽는 능력, 즉 독해력이 부족하면 당연히 이해도도 떨어집니다.

독해력을 연마하는 효과적인 방법으로는 '단락별로 요약하기'가 있습니다.

- 결론을 제시하는 단락
- 이유를 제시하는 단락
- 사례를 제시하는 단락
- 반론에 대한 반론을 제기하는 단락

잘 쓰인 글일수록 위와 같은 정보의 덩어리가 단락을 이루고 있습니다.

이 각 단락(혹은 의미 덩어리)의 내용을 요약함으로써 '이야기의 뼈대'를 파악할 수 있습니다.

이하의 글을 읽고 단락 ①~④의 내용을 요약해 봅시다.

① 분명히 말씀드리자면, 글은 '쓰는 사람'을 위한 것이 아니라 '읽는 사람'을 위한 것입니다.

② '뭘 써야 할지 모르겠다'라고 고민하는 사람은 알고 보면 자기 위주로 사고하는 사람일 가능성이 있습니다.
그래서 '어떻게 해야 더 아름다운 글을 쓸 수 있을까?'라는 고상한 생각으로 머리가 꽉 차 있을지도 모릅니다.

또는 '남에게 잘 보이고 싶다', '남에게 멋져 보이고 싶다'라는 이기적인 생각만 하고 있을지도 모릅니다.

③ 그들은 자기 자신만 생각합니다.
하지만 글 쓰는 사람은 '어떻게 해야 독자에게 도움을 줄 수 있을까?'라는 생각에만 집중해야 합니다. 그런 생각이 없으면 미로에서 길을 잃고 '뭘 써야 할지 모르겠다'라며 헤맬지도 모릅니다.

④ 모든 글쓰기는 '독자', 즉 '읽는 사람'에게서 시작됩니다.
저 역시 이 원칙을 지키며 이 책을 집필했습니다. 저는 '뭘 써야 할지 모르겠다', '좋은 글을 쓰려면 어떻게 해야 할지 모르겠다'라고 고민하는 사람들을 위해 이 글을 쓰고 있습니다.

야마구치 다쿠로(山口拓朗) 저『何を書けばいいかわからない人のための「うまく」「はやく」書ける文章術(뭘 써야 할지 모르는 사람들을 위한 '잘' '빨리' 쓰는 문장술)』에서

①~④를 각각 요약하면 다음과 같습니다.

① 글은 '쓰는 사람'을 위한 것이 아니라 '읽는 사람'을 위한 것이다.
② '뭘 써야 할지 모르겠다'라고 고민하는 사람은 어쩌면 자기 위주로 사고하는지도 모른다.
③ 쓰는 사람은 오직 '어떻게 해야 독자에게 도움을 줄까'를 고민해야 한다.
④ 모든 글쓰기는 '독자', 즉 '읽는 사람'에게서 시작된다.

졸저 『횡설수설하지 않고 핵심만 말하는 법』에서 저는 '요약하는 힘'에 관해 이렇게 말했습니다.

요약이란 '죽어도 이것만은 말해야겠다!' 싶은 문장을 찾아내는 일이다.

위의 글을 쓴 사람이 단락마다 심어 놓은 '죽어도 이것만은 말해야겠다!' 싶은 문장들은 무엇일까요? 그런 생각으로 집중하여 읽어 보면 우리 뇌는 요약을 시작합니다.

①~④를 요약했다면 거기서 또다시 '죽어도 이것만은 말해야겠다!'라는 문장을 찾아봅시다.

그러면 ④를 요약한 문장 "모든 글쓰기는 '독자', 즉 '읽는 사람'에게서 시작된다"에 이 글의 가장 중요한 메시지가 담겨 있다는 사실을 알게 될 것입니다.

글을 읽을 때 책이나 자료의 여백에 내용을 요약하여 적어 두어도 좋습니다.

노트나 수첩을 꺼내는 과정을 생략할 수 있는 데다, 중요한 단락(의미 덩어리)에 동그라미를 치는 등 중요한 부분을 표시할 수 있어서 문맥을 이해하는 데 도움이 됩니다.

또 글쓴이의 주장을 담은 논설문 등의 경우, 글에 핵심 단어가 반복적으로 등장하는 경향이 있습니다.

앞의 글에서도 '읽는 사람'이라는 말이 두 번이나 나왔습니다.

그렇다면 그 단어 주변에 중요한 메시지가 숨어 있을 가능성이 큽니다.

글을 덩어리별로 요약하여 이해한다

① 분명히 말씀드리자면, 글은 '쓰는 사람'을 위한 것이 아니라 '읽는 사람'을 위한 것입니다.

② '뭘 써야 할지 모르겠다'라고 고민하는 사람은 알고 보면 자기 위주로 사고하는 사람일 가능성이 있습니다.
그래서 '어떻게 해야 더 아름다운 글을 쓸 수 있을까?'라는 고상한 생각으로 머리가 꽉 차 있을지도 모릅니다.
또는 '남에게 잘 보이고 싶다', '남에게 멋져 보이고 싶다'라는 이기적인 생각만 하고 있을지도 모릅니다.

③ 그들은 자기 자신만 생각합니다.
하지만 글 쓰는 사람은 '어떻게 해야 독자에게 도움을 줄 수 있을까?'라는 생각에만 집중해야 합니다. 그런 생각이 없으면 미로에서 길을 잃고 '뭘 써야 할지 모르겠다'라며 헤맬지도 모릅니다.

④ 모든 글쓰기는 '독자', 즉 '읽는 사람'에게서 시작됩니다.
저 역시 이 원칙을 지키며 이 책을 집필했습니다. 저는 '뭘 써야 할지 모르겠다', '좋은 글을 쓰려면 어떻게 해야 할지 모르겠다'라고 고민하는 사람들을 위해 이 글을 쓰고 있습니다.

야마구치 다쿠로(山口拓朗) 저 『何を書けばいいかわからない人のための「うまく」「はやく」書ける文章術(뭘 써야 할지 모르는 사람들을 위한 '잘' '빨리' 쓰는 문장술)』에서

↓ 요 약 ↓

① 글은 '쓰는 사람'을 위한 것이 아니라 '읽는 사람'을 위한 것이다.
② '뭘 써야 할지 모르겠다'라고 고민하는 사람은 어쩌면 자기 위주로 사고하는지도 모른다.
③ 쓰는 사람은 오직 '어떻게 해야 독자에게 도움을 줄까'를 고민해야 한다.
④ 모든 글쓰기는 '독자', 즉 '읽는 사람'에게서 시작된다.

우리가 흔히 읽는 글은 '문제 제기 → 결론' 또는 '결론 → 결론 강조'의 구조로 이루어져 있을 때가 많습니다(글쓴이의 메시지는 결론에 나와 있습니다).

이런 패턴을 미리 알아 두면 글의 핵심 메시지를 찾기가 쉬워집니다.

요약 연습은 신문 사설이나 잡지 칼럼으로 하면 됩니다.

전문 작가의 글에는 군더더기가 없습니다.

그래서 아마추어의 글에 비해 이야기의 본질과 핵심을 빨리 파악할 수 있습니다.

단락별 요약에 익숙해지면 칼럼 전체를 100자로 요약해 보는 등 긴 글을 단숨에 요약하는 일에도 도전해 봅시다.

요약 실력이 향상되면 당연히 이해력도 향상됩니다.

이해를 심화하는 접근법 ⑨ '주어'와 '술어'부터 파악한다

글을 읽다가 '도저히 이해가 안 되네', '너무 어려워'라는 생각이 들 때는 일단 주어와 술어부터 파악합시다.

어떤 언어로 된 문장이든 기본적으로는 '주어 + 술어', 즉 '○○가 + ○○다'라는 구조로 쓰여 있습니다.

방금 읽은 문장도 '문장이든(주어) + 쓰여 있습니다(술어)'가 뼈대입니다. 이 뼈대 위에 세세한 정보가 추가될 뿐입니다.

> 어떤 언어로 된 문장이든 기본적으로는 '주어 + 술어', 즉 '○○가 + ○○다'라는 구조로 쓰여 있습니다.

주어와 술어를 파악했다면 다음으로는 술어에서부터 역산하여 상세를 파악합니다.

이 글의 경우, 술어가 '쓰여 있습니다'이므로 '어떻게 쓰여 있는지'를 찾아내면 됩니다.

그러면 이 두 가지 (병렬된) 정보를 도출할 수 있습니다.

- '주어 + 술어'의 구조로 쓰여 있다.
- '○○가 + ○○다'의 구조로 쓰여 있다.

기본 구조를 이해하지 못하면 내용을 이해하기도 어렵습니다.

우선 '누가 무엇을 했는가', '무엇이 어떠한가', 즉 큰 틀인 주어와 술어부터 파악해야 문장을 이해할 수 있습니다.

단, 우리말에서는 주어가 생략될 때가 많습니다.

주어가 없을 때는 일단 술어를 찾아내고, '그 행동을 누가 했을까?'라고 추측하여 주어를 지정하면 됩니다.

문장이 너무 장황할 때도 우선 큰 틀이 되는 '주어 + (목적어) + 술어'를 파악하는 것이 중요합니다.

> 하얀 눈이 흩날리는 추운 크리스마스 전날 고민을 거듭한 끝에 나는 평소 촌스러운 모습만 보여 주어 별 느낌이 없었던 그에게 젊은 층에 인기 있는 브랜드에서 출시한 최신 재킷을 선물했다.

이 문장에서 '주어 + (목적어) + 술어'를 뽑아내면 이렇게 됩니다.

> 나는 그에게 재킷을 선물했다.

이처럼 큰 틀을 파악한 뒤 상세를 덧붙이는 것이 독해의 기본입니다.

글을 읽는 목적에 따라 상세는 전부 버리고 큰 틀만 이해하고 넘어갈 때도 있습니다.

이해를 심화하는 접근법 ⑩ '5W3H'로 이해한다

설명문과 안내문 등 실무적인 글을 이해할 때는 5W3H 원칙에 따라 내용을 파악하면 됩니다.

- **5W3H**
  - When(언제: 기한, 시기, 일정, 시간)
  - Where(어디서: 장소, 방향)
  - Who(누가: 담당, 역할)
  - What(무엇을: 목적, 목표)

– Why(왜: 이유, 근거)

– How(어떻게: 방법, 수단)

– How many(몇: 수량)

– How much(얼마: 비용)

> 3월 2일(수)[언제]에 부서 간 교류회[무엇을]를 실시합니다. 정오[언제]에 역 앞의 '○○식당'[어디서]에서 모입니다.

5W3H를 파악하면 글 내용을 이해하기 쉽습니다.

5W3H 중 빠진 정보가 있다면 왜 그것이 빠졌는지 생각해 보고, 정보가 부족하다고 판단되면 상대에게 물어보아야 합니다.

위의 글에서 빠져 있는 정보는 다음과 같습니다.

- **Who(누가: 담당, 분담)**

  – '누가' 이 교류회를 제안했는가?

  – 참가 대상자는 '누구'인가?

- **Why(왜 : 이유, 근거)**
  - 이 부서 간 교류회는 왜 열리는가? (목적이 무엇인가?)

- **How(어떻게 : 방법, 수단)**
  - 이 부서 간 교류회를 어떻게 진행할 것인가?

- **How many(몇 : 수량)**
  - 참가자는 몇 명인가?

- **How much(얼마 : 비용)**
  - 참가 비용은 얼마인가?

여러분이 전달자가 되어 실무적인 내용을 전달할 때도 상대가 내용을 쉽게 이해할 수 있도록 5W3H를 빠짐없이 담아내야 합니다.

물론 상대가 필요로 하지 않는 5W3H를 일부러 생략하는 일도 중요합니다.

5W3H 원칙의 핵심은 '상황과 목적에 맞게 과부족 없이' 전달하는 것이기 때문입니다.

이해를 심화하는 접근법 ⑪ '인수 분해'하여 이해한다

수학의 인수 분해 방식도 정보를 이해하는 데 도움이 됩니다.

인수 분해란 '수와 식을 곱셈으로 표현하는 일'을 말합니다.

예를 들어 21이라는 숫자는 '7 × 3'으로 인수 분해할 수 있습니다.

이때 7과 3이 21의 인수입니다. 7과 3으로 나누어 21의 정체를 드러낸 셈입니다.

우리의 일상과 업무에서도 눈에 보이든 보이지 않든, 인수 분해할 수 있는 것이 많습니다.

'건축'의 인수는 기초, 구조체, 벽, 내장, 설비 등입니다.

건축을 깊이 이해하려면 처음에 '건축'의 개념을 배운 후 위에서 말한 인수들도 배워야 합니다.

물론 기초, 구조체, 벽 등도 다시 인수 분해할 수 있습니다. 세상의 모든 사물과 정보가 무언가의 인수이며, 그 인수도 다시 얼마든지 인수 분해될 수 있습니다.

정보를 접할 때마다 '이것은 무엇의 인수인가?', '이것을

인수 분해하면 어떻게 될까?'라고 생각하는 사람은 이해력이 뛰어난 사람입니다.

그 정보가 무언가의 인수라고 하면, 함께 분해된 다른 인수를 모아서 더 큰 이해에 도달할 수도 있습니다.

인수 분해는 앞서 언급한 '구체화'와도 일맥상통합니다(152쪽 참조).

인수로 분해하면 행동으로 옮기기 쉬워지기 때문입니다.

예를 들어 결혼 피로연 2부 행사를 개최할 책임을 맡았다면 일단은 그 일을 인수 분해해야 구체적인 행동을 시작할 수 있습니다.

장소 예약, 참가자 목록 작성, 안내문 작성, 안내문 발송, 진행자 섭외, 접수, 신랑 · 신부 의향 청취 등으로 일을 분해해야 일의 이미지가 떠오르기 때문입니다.

인수를 모르면 일을 남에게 맡길 수 없지만, 인수를 알면 각각의 인수(세부 작업)를 남에게 맡길 수도 있습니다.

물론 여러분이 무언가를 전달할 때도 마찬가지입니다.

상대방에게 크고 추상적인 정보만 건네지 말고 그 정보를 인수 분해한 결과도 함께 전달하여 상대의 이해와 행동을 도와야 합니다.

할 일을 인수 분해하면 이해가 빨라진다

결혼 피로연 2부 행사 개최를 맡았음

↓

- 장소 예약
- 안내문 작성
- 참가자 목록 작성
- 안내문 발송
- 진행자 섭외
- 신랑 · 신부 의향 청취
- 접수

↓

할 일을 인수 분해하면 이해도 깊어지고,
효율적인 행동도 가능해진다.

이해를 심화하는 접근법 ⑫ '상대의 처지가 되어' 이해한다

실패로 얻은 교훈을 다음 기회에 살리면 이해력이 크게 향상됩니다.

예를 들어 볼까요?

여러분이 좋은 의도로 동료에게 충고했는데, 동료의 기분이 상했다고 합시다.

이럴 때 여러분의 패턴은 크게 세 가지로 나뉩니다.

① 상대의 기분이 상한 것을 알아채지 못한다.

② 상대의 기분이 상한 것은 알지만 이유를 파악하지 못한다.

③ 상대의 기분이 상한 것을 알고 이유도 대략 파악한다.

①이 이해도가 가장 낮은 사람, ③이 이해도가 가장 높은 사람입니다.

①인 사람은 유감스럽지만, 나중에 상대와 상황이 달라지더라도 비슷한 행동을 반복할 위험성이 큽니다.

이번 경험에서 배우지 못했기 때문입니다.

'배우지 못했다'라는 말은 곧 '이해하지 못했다'라는 뜻입니다.

한편 ③은 다음 기회를 기대할 수 있습니다.

이번 경험이 '상대의 기분을 상하게 하는 행동 패턴(이해 상자)'이라는 데이터가 되어 뇌 속 자료실에 보관되었으므로 다음에는 비슷한 상황에서 같은 실수를 하지 않을 테니까요.

덕분에 다음부터는 상대의 말, 표정과 행동에서 속내를 읽어내고 그때그때 적절하게 대응할 수 있게 됩니다.

①이나 ②가 ③이 되려면 어떻게 해야 할까요?

'나와 상대는 다른 존재다'라고 인식하는 것이 중요합니다.

아예 상대를 외계인으로 생각하는 게 좋습니다.

실제로 외계인을 만나서 소통하려고 애쓴다면 여러분의 감각(알아채는 능력)은 최고로 민감해지겠죠.

- 이 외계인은 무엇을 생각할까?

- 이 외계인은 어떤 기분일까?
- 이 외계인은 무엇을 말하려 할까?
- 이 외계인은 무엇을 하고 싶어 할까?
- 이 외계인은 나에게 무엇을 바랄까?

진지하게 이런 생각을 할 수 있습니다.

그야말로 철저히 상대의 처지에서 생각하는 셈입니다.

남에게 오해를 잘 받고 상처를 잘 주는 사람일수록 '상대방도 나와 비슷한 생각, 가치관, 마음을 갖고 있을 거야' 라고 생각하는 경향이 있습니다.

그러한 생각이 문제입니다.

물론 같은 인간이니 통하는 점이 있으리라 생각하고 상호 이해를 지향하는 일은 아름답습니다.

그러나 그것은 어디까지나 목표 지점이지 출발 지점이 아닙니다.

'상대는 외계인'이라는 생각에서부터 소통이 시작됩니다. 그 생각이 상대를 배려하는 원동력으로 작용합니다.

의사소통에 줄곧 실패하거나 인간관계 구축이 어렵다

고 느낀다면 여러분에게 '사람을 이해하는 힘'이 부족한지도 모릅니다.

그렇다면 지금이 바로 이해력을 높일 기회입니다.

'상대는 외계인'이라는 생각으로 사람을 대하다 보면 감각이 예민해져 상대의 목소리에 귀를 기울이고 상대의 표정을 꼼꼼히 관찰하며 상대의 기분을 짐작하려고 노력하게 됩니다.

'철저히 상대의 처지에서 생각하는' 이런 자세가 여러분의 이해도를 비약적으로 높일 것입니다.

이해를 심화하는 접근법 ⑬ '이해 상자'와 연결하여 이해한다

재미있는 이야기는 금세 이해되고 재미없는 이야기는 쉽게 이해되지 않는 법입니다.

여러분도 대부분 동의하겠죠.

흥미의 유무는 '이해'에 큰 영향을 미칩니다.

하지만 사회생활을 하다 보면 재미가 없어도 이해해야 할 일들이 있습니다.

이처럼 재미없는 정보를 이해해야 할 때는 재미있는 정보 또는 이미 아는 정보와 연결하는 방법이 효과적입니다.

1992012219940606

이 숫자를 장기적으로 기억하기는 어렵습니다. 맥락 없는(의미 없는) 숫자의 나열일 뿐이므로 아무런 관심이나 재미를 느낄 수 없기 때문입니다.

하지만 만약 당신의 생년월일이 1992년 1월 22일이고 당신 동생의 생년월일이 1994년 6월 6일이라면 어떨까요?

그렇다면 이 숫자를 장기적으로 기억할 수 있겠죠.

이미 아는 정보, 재미있는 정보와 연결하면 관심 없고 재미없는 정보도 오래 기억할 수 있습니다.

또 연결하는 과정에서 정보 자체의 새로운 의미를 이해하게 될 때도 있습니다.

저는 글쓰기 강의에서 "문장력을 강화하려면 정보 수집이 중요합니다"라는 말을 자주 합니다.

그러나 이렇게만 말하면 수강생들이 금세 잊어버리므로(깊은 이해에 도달하지 못하므로) 뒤에 이런 말을 덧붙입니다.

"글쓰기는 요리와 비슷합니다. 재료 없이 요리를 만들 수 없듯이 글도 재료가 없이는 쓸 수 없습니다. 요리 전에 장을 보는 것처럼 글을 쓰기 전에 재료를 모으러 나가야 합니다."

이렇게 설명하면 수강생 대부분이 정보 수집의 중요성을 이해합니다.

새로운 정보(글쓰기)가 머릿속에 이미 존재하는 '이해 상자'(요리)와 연결되어 이해도가 높아졌기 때문입니다.

이미 아는 정보와 새로운 정보를 연결하기 위해서는 연상 작용이 필요합니다.

즉, '이 정보는 무엇과 비슷한가?', '이 정보를 이미지로 만든다면 어떻게 될까?'라고 상상해야 합니다.

예를 들어 자동차가 움직이는 원리를 이해하고 싶다면

'엔진(인간의 뇌) → 트랜스미션(신경) → 타이어의 회전(다리의 움직임)'이라는 흐름을 생각하면서 이미지를 떠올려 보세요. 훨씬 이해하기 쉬울 것입니다.

이해하기 어려운 정보를 접했을 때, 이미 가진 '이해 상자'와 연결하여 이해하는 방법을 활용해 봅시다.

제 4 장

3단계 - '비판적'으로 이해를 심화한다

1

틀린 정보에 속지 않기 위한 비판적 사고

'비판적 사고'란?

엄청난 속도로 변화하는 시대, 매일 방대한 정보가 난무하는 세상입니다.

그런 와중에 우리의 이해 작용만 멈춰 있어서는 안 됩니다.

'비판적 사고'는 이 끊임없는 이해 작용을 뒷받침하는

강력한 도구로 상식과 주관, 감정 등에 휩쓸리지 않고 정보를 이해하는 사고 과정을 가리킵니다.

쉽게 말해 '이 정보가 정말 타당한가?'라고 의심하는 사고방식입니다.

비판적 사고에 따라 상식과 전제를 일부러 의심하고 정보를 분석적으로 파악하며 자신의 사고 편향을 자각함으로써 잘못된 이해를 방지할 수 있습니다.

예를 들어 이런저런 뉴스를 읽다 보면 특정 인물을 악역으로 만들려는 의도가 뻔히 보이는 기사가 간혹 있습니다.

그런 기사는 논리를 비약하고 중요한 정보를 일부러 생략하며 의견을 사실처럼 말합니다. 모호한 말을 써서 독자를 헷갈리게 하거나 글을 잘못 읽도록 유도하기도 합니다.

그러나 비판적 사고가 가동되고 있으면 그런 함정에 빠지지 않습니다.

다양한 출처에서 나온 정보를 골고루 받아들임으로써 특정한 정보나 시각에 의존하지 않는 것도 비판적 행동이라 할 수 있습니다.

물론 의심이 너무 강해도 좋지 않겠지만 '이 정보가 타당할까?'라고 확인해 보는 태도는 나쁜 의도에 이용당할 위험을 피하는 훌륭한 대책입니다.

지금 여러분도 책을 읽으며 새로운 정보를 이해하고 있습니다.

만약 머릿속 어딘가에서 '이 저자가 하는 말이 정말일까?'라고 생각한다면 비판적 사고가 살아 있다는 증거입니다.

한편 '책에 나온 말이니 맞겠지'라며 아무 의심 없이 읽는다면 비판적 사고가 멈춰 있다고 할 수 있습니다.

이번 장에서는 비판적 사고를 활용한 이해 방식을 소개하겠습니다.

사고를 '액티브'하게 가동하여 이해한다

요즘은 교육 현장에서도 '액티브 러닝'이 주목받고 있습니다.

'액티브 러닝'이란 '능동 학습'이나 '탐구 학습'으로도 불리는데, 학생이 교사(강사)의 말을 일방적으로 듣기만 하는 것이 아니라 쓰기, 말하기, 발표하기 등의 능동적 행위를 통해 수업(강의) 효과를 높이는 교육 방식을 말합니다.

예를 들어 'SDGs(Sustainable Development Goals: 지속 가능한 개발 목표)'를 배웠을 경우, 이해를 심화하기 위해 배운 것을 글로 쓰거나 말하거나 발표합니다.

왜냐하면 제대로 이해하지 못하고서는 남에게 전달할 수 없기 때문입니다.

남에게 전달하겠다는 생각이 있으면 '바르게, 깊이 이해해야겠다'라는 마음도 저절로 싹틉니다.

그리고 막상 외부로 표현하다 보면 자신의 이해가 부족함을 깨닫는 순간이 오기 마련입니다.

이때가 기회입니다.

자신이 '무엇을 이해하지 못했는지'를 알아야 모자란 부분을 좀 더 알아보고 이해를 심화할 수 있기 때문입니다.

남에게 전달하는 과정에서 주변에서(상대에게서) 이런

저런 질문을 받기도 합니다.

그때 말문이 막히거나 대답하기가 어렵다면 이해가 부족했다는 뜻이니, '부족한 곳'을 꼼꼼히 메워서 이해를 심화하면 됩니다.

액티브 러닝의 다양한 방식 중 가장 효과적인 법이 '가르치기'입니다.

이는 직접 교사가 되어 자신이 배운 것을 다른 사람에게 가르치는 방법입니다. 단, 가르치는 일은 단순한 전달과는 다릅니다. 가르침의 목표는 '상대를 올바른 이해로 이끄는 것'입니다.

남을 가르치겠다고 생각하면 배울 때도 긴장감이 생기고 의욕과 집중력도 강해집니다.

예를 들어 여러분이 어떤 글을 읽고 글의 내용을 다른 사람에게 전달한다고 합시다. 전달받은 사람이 여러분에게 어떤 질문을 할지, 그 질문에 어떻게 대답하면 좋을지 생각해 봅니다. 이렇게 하나하나 상상하면서 글을 읽으면 이해도가 확 높아질 수 있습니다.

'가르친다는 전제'는 배움과 이해의 속도를 올리는 데에도 도움이 됩니다. '1주일 후 후배에게 ○○를 가르치겠다', 또는 '한 달 후에 ○○에 관한 학회나 토론회를 열겠다' 등의 계획을 세우고 실천해 보세요.

상황 이해에 필요한 '새의 눈'

역에서 어떤 건물로 가는 도중에 길을 잃었다고 가정해 봅시다. 주변에 사람이 없다면 여러분은 아마 스마트폰을 꺼내서 지도 앱을 열겠죠.

현재 지점과 목적지를 확인해야 하니까요.

지도를 보면 위치 관계를 '새의 눈'으로 파악합니다. 새처럼 높은 곳에서 내려다보고 위치 관계를 파악하면 최대한 헤매지 않고 목적지에 도착할 수 있습니다.

이처럼 **시점을 위로 끌어올려서 상황을 내려다보는 능력을 '메타 인지'라고 합니다.**

메타 인지란, 좁은 뜻으로는 자신의 사고와 행동을 객관적으로 바라보는 능력을 말하지만 넓은 뜻으로는 자신을 포함한 다양한 대상을 '새의 눈'처럼 넓은 시야로 한꺼번에 보는 능력을 말합니다.

메타 인지가 강한 사람은 '새의 눈'을 가진 것과 같습니다.

하늘을 나는 새는 넓은 땅을 한눈에 볼 수 있습니다. 그래서 어디에 무엇이 있고 A 지점과 B 지점의 거리는 얼마나 되는지 다 알 수 있죠. 지상에서는 이런 정보를 쉽게 얻을 수 없습니다.

바둑이나 장기에서 자주 쓰이는 '대국관'도 '새의 눈'과 비슷한 말입니다.

'대국관'이란, 넓은 시야로 승부 전체를 보며 판세를 판단하고 제일 좋은 수를 찾아내는 힘을 말합니다.

그 힘이 강할수록 승부에 이길 확률이 높아집니다.

한편 인간의 실제 눈은 '벌레의 눈'에 가까워서 시선이 땅 위에 달라붙어 있습니다.

그러다 보니 현재 지점과 목적지의 관계를 파악하지 못해 길을 잃어버릴 때가 많습니다.

그런 우리가 '새의 눈'을 갖추려면 다음 두 가지 과정을 거쳐야 합니다.

① '새의 눈'으로 세상을 볼 수 있음을 자각한다.
② 상상력을 발휘하여 '새의 눈'으로 세상을 본다.

카메라 달린 드론을 하늘에 띄운다고 상상해 봅시다.

하늘에서는 이 상황이 어떻게 보일까요?
상대의 눈에는 이 상황이 어떻게 보일까요?
목표 지점에서는 이 상황이 어떻게 보일까요?

넓은 시각으로 보아야만 각 지점의 위치 관계, 상호 관계성, 본래의 목적, 본질, 진의 등을 정확히 파악할 수 있습니다.

참고로 자신이 '잘 모른다'라는 사실을 자각하는 능력도 메타 인지에 해당합니다.

메타 인지가 강해지면 '이 정도의 이해로 충분한가?', '무언가 이상하다', '더 깊은 의미가 있을 듯하다'라는 식으로 자신의 부족한 이해를 쉽게 알아챌 수 있습니다.

그러나 관점을 멀리 떼어놓기가 어렵다는 사람도 있을 수 있습니다.

그런 사람에게는 제삼자로부터 피드백을 받는 방법을 추천합니다.

피드백이란 '상대의 언동에 관한 평가나 개선점을 전달하는 일'을 말합니다.

가령 여러분이 잠재 고객에게 상품을 설명한 후, 스스로 '잘했다'라며 뿌듯해하고 있다고 해 봅시다.

그러나 설명을 같이 들은 동료가 '쉽게 이해되지 않았다'라고 피드백하는 순간, 자신의 인식(이해)이 틀렸음을 즉시 깨닫게 됩니다.

덕분에 다음에는 다른 방식을 시도할 수 있습니다.

이처럼 다른 사람의 눈을 '새의 눈'으로 활용하면 됩니다.

'대충 이해하기'에서 말했듯이 '나는 메타 인지가 강하다(= 전체나 주변을 잘 본다)'라고 스스로 생각하는 사람은 더 발전하기 어렵습니다.

메타 인지를 강화하려면 '내 메타 인지가 아직 부족한 게 아닐까?'라고 의심하는 편이 훨씬 낫습니다.

'새의 눈'을 갖는 방법

넓은 시각으로 보아야만 각 지점의 위치 관계, 상호 관계성, 본래의 목적, 본질, 진의 등을 정확히 파악할 수 있습니다.

말이나 글의 '비논리'에 속지 않는다

모든 말과 글이 논리적이면 좋겠지만 세상에는 유감스럽게도 비논리적인 글이나 논리를 비약한 글이 많습니다.

글이 논리성을 갖추려면 두 가지 조건을 만족시켜야 합니다. 첫째, 문장이 서로 강하게 연결되어야 하고, 둘째, 결론을 떠받치는 이유나 근거가 강력해야 합니다.

올바른 이해를 위해서는 말과 글을 접할 때마다 그 말과 글이 논리성을 얼마나 갖췄는지 따져볼 필요가 있습니다.

> ① 준수는 보컬 강습을 받고 있다. 그러므로 노래를 잘할 것이다.

준수의 노래를 직접 듣고 확인하기 전까지는 이 글을 사실로 인정할 수 없습니다.

보컬 강습을 받는다고 해서 노래를 잘하지는 않기 때문입니다.

어쩌면 노래를 못하기 때문에 강습을 받는지도 모릅

니다.

이 글에는 '노래를 잘한다'라는 결론을 뒷받침하는 근거가 전혀 없습니다.

이처럼 얼핏 보아 정확해 보이는 문장 중에도 틀린 글이 많습니다.

> ② 준수는 보컬 강습을 받고 있다. 예전에 300명이 참가한 보컬 경연에서 우승한 적도 있으니 노래 실력은 뛰어나다.

이 글은 ①보다 훨씬 설득력 있습니다. 반박하기 어려운 근거가 포함되어 있기 때문입니다. '300명 중 1위'라고 했으므로 '노래 실력은 뛰어나다'라는 말에 반박하기 어렵습니다.

만약 '5명 중 1위'였다면 '노래 실력은 뛰어나다'라는 말이 과장이 되겠지만 말입니다.

> ③ 준수는 보컬 강습을 받고 있다. 예전에 300명이 참가한 보컬 경연에서 우승한 적도 있다. 그래서 노

래를 썩 잘하지는 않는다.

①이나 ②와는 달리 어색한 글입니다.

접속사 '그래서' 이후의 내용이 앞부분과 들어맞지 않기 때문입니다.

즉, 연결성이 너무 약합니다. 이런 경우 독자가 혼란을 느끼기 쉽습니다.

규칙을 모르면 컬링을 즐길 수 없다. 컬링을 즐기지 않는 사람은 원래 규칙을 모른다.

첫 번째 문장은 어느 정도 이해가 되지만 두 번째 문장은 이해가 잘 안 됩니다.

규칙을 알지만 컬링을 즐기지 않는 사람도 많기 때문입니다.

글쓴이는 첫 번째 문장을 뒤집기만 하면 된다고 생각했을지 모르지만, 'A는 B다'가 옳다고 해서 'B는 A다'도 옳다고는 말할 수 없습니다.

이런 어색함을 알아채는 능력도 이해력의 일부입니다.

늘 '이렇게 연결하는 게 맞을까?', '이 근거가 타당한가?'라고 자문하다 보면 어색함을 알아채는 능력이 생깁니다.

여러분이 접하는 말과 글이 전부 논리적이지는 않습니다. 그러므로 '이상한 논리(= 비논리)'를 찾아내는 능력이 없으면 틀린 정보에 휘둘리거나 악한 의도를 가진 사람에게 이용당할 위험이 커집니다.

두 가지 '논리 구성'을 알아 두자

사고나 말과 글의 논리를 전개하는 방식은 크게 '연역법'과 '귀납법'으로 나뉩니다.

'연역법'이란 일반적인 규칙이나 법칙, 전제에서 결론을 도출하는 방식입니다.

'A = B이고 B = C다. 따라서 A = C다'라는 '삼단논법'도 연역법의 일종입니다.

연역법의 예

우리나라는 18세 이상의 국민에게 선거권을 부여한

다. 은지는 18세다. 따라서 은지는 선거에 참여할 수 있다.

한편 귀납법은 각각의 사례에서 보편적 법칙을 도출하는 방식입니다. 'A = D이고 B = D이며 C = D이다. 따라서 A, B, C가 속한 ○○는 D다'라는 형식입니다.

귀납법의 예

얼마 전에 TV의 정보 프로그램에서 '두부 티라미수' 특집을 방영했다. 트위터에서도 '두부 티라미수'라는 단어를 유행어로 선정했고, 편의점에서도 '두부 티라미수' 디저트를 새로 발매했다. 두부 티라미수가 선풍을 일으키고 있다.

연역법과 귀납법은 둘 다 여러 사실과 사례를 제시하여 결론을 도출하는 방식입니다.

그런데 비즈니스 현장에서는 결론부터 전달하는 연역법을 주로 사용합니다. 소위 'PREP'도 그중 하나입니다.

Point: 요점(결론, 주장)

Reason: 이유(결론을 떠받치는 근거)

Example: 구체적 사례(결론에 설득력을 더해 줄 사례, 체험, 데이터 등)

Point: 요점(결론, 주장)

[P] 사무실에 수면실을 만듭시다.

[R] 수면에는 두뇌 피로를 개선하는 효과가 있습니다.

[E] 수면에 관한 데이터를 소개하겠습니다. 어떤 기업에서 점심 식사 후에 낮잠을 잔 사원과 그렇지 않은 사원을 비교한 결과, 전자의 업무 효율이 30% 높은 것으로 나타났습니다.

[P] 3층의 빈방을 수리하여 수면실로 만듭시다.

남의 말이나 글을 접할 때는 논리 구성에도 주목할 필요가 있습니다.

또 본인이 남에게 말이나 글로 정보를 전달할 때도 '연역법'이나 '귀납법' 등 논리를 의식해야 합니다.

적절한 논리를 구성하여 정보를 전달하는 능력을 갖춘 사람일수록 남의 말과 글의 진위, 신빙성, 설득력을 파악하는 능력도 뛰어납니다.

2

이해를 심화하는 능동적 접근법

'음독'을 통해 이해를 심화한다

초등학생은 음독(소리 내 읽기)을 자주 하지만, 나이를 먹을수록 글을 소리 내 읽을 기회가 줄어듭니다.

하물며 사회인은 글을 소리 내 읽을 일이 거의 없습니다.

그러나 음독은 이해도를 높이는 데 매우 효과적인 수단입니다.

여러분도 의미가 와닿지 않는 문장을 무심코 소리 내 읽은 경험이 있을 것입니다.

또 눈으로만 '묵독'하다 보면 글을 건성으로 읽고 흘려버릴 때가 많습니다.

한편 음독은 '눈으로 읽고 입으로 말하기'이므로 정보(문장)가 뇌를 통과할 수밖에 없는 방식입니다.

그래서 글을 음독하면 단어 하나하나, 문장의 뜻, 문맥에 대한 이해도가 높아집니다.

게다가 음독할 때는 입에서 나온 말이 귀로, 그리고 뼈의 진동을 통해(골전도로) 다시 뇌에 입력됩니다. 즉, 2중, 3중으로 정보가 입력됩니다.

음독할 때 모르는 단어가 나오면 뇌가 (흘려보내지 않고) 즉시 '모르는 말이다'라며 제동을 겁니다.

'모른다', '이해가 안 된다'라고 자각하게 되므로 사전이나 인터넷으로 뜻을 찾아보는 등, 행동을 개시하기도 쉽습니다.

또 문장이 뇌를 통과하는 과정에서 '내용에 논리성이

얼마나 있느냐' 하는 판단도 이루어집니다.

그래서 논리성이 부족하면 '이유가 눈에 안 띄네?', '근거가 너무 약하지 않나?'라는 생각이 저절로 들게 됩니다.

이처럼 글을 소리 내 읽으면 비판적 읽기의 정확도가 높아집니다.

어려운 글, 까다로운 글을 읽을 때는 음독이 더더욱 효과적입니다.

묵독할 때는 의미가 모호했던 정보, 각각의 정보 사이의 관계성이 명확해지므로 글 내용을 훨씬 더 정확하고 깊게 이해할 수 있습니다.

'음독'을 통해 이해를 심화한다

'질문'을 거듭하여 이해를 심화한다

'질문' 역시 정보를 정확하게 이해하는 데 매우 효과적인 도구입니다.

TV 프로그램만 보아도 알 수 있습니다. 출연자가 모호한 말을 할 때마다 MC가 나서서 "그 말씀은 무슨 뜻인가요?", "구체적으로 설명해 주시겠어요?", "그 말씀의 근거는 뭔가요?"라고 예리한 질문을 던져 주어야 시청자의 이해도가 높아집니다.

단, 질문이기만 하면 다 된다는 말은 아닙니다. 요점을 벗어난 질문으로는 필요한 정보를 얻을 수 없습니다.

예를 들어 존경하는 선배가 여러분에게 "책을 더 읽는 게 좋겠어"라고 충고했다고 합시다. 그런데 여러분이 "그런데 저라도 괜찮을까요?"라고 되물으면 어떻게 될까요? 선배는 말문이 막힐 것입니다.

'괜찮을까요?'라는 질문의 의도를 파악하기 어렵기 때문입니다.

질문하기 전에 '내가 무엇을 모르는가', '그것을 어떤 식으로 모르는가'를 먼저 생각하는 일이 중요합니다.

"사실 지금까지 책을 거의 안 읽어서 자신이 없어요. 독서에는 어떤 장점이 있나요?"

이렇게 질문하면 선배도 당신의 상황과 질문의 의도를 이해하고 편하게 대답할 것입니다.

여러분도 대답을 듣고 선배가 독서를 추천한 뜻을 이해하게 될 수 있습니다.

그러면 독서에 대해 더 궁금한 점을 물어볼 수도 있습니다.

"선배가 감명 깊게 읽은 책을 추천해 주시겠어요?"

"책을 읽을 때의 주의사항은 어떤 점이 있나요?"

"읽은 책의 내용을 잊지 않으려면 어떻게 하는 게 좋을까요?"

"어려운 책이라도 마지막까지 꾹 참고 읽는 게 나을까요?"

"만화를 읽어도 되나요?"

이 질문들은 전부 의도가 명확합니다.

이런 좋은 질문을 던지려면 생각을 미리 정리하여 '내가 무엇을 모르는가', '그것을 어떤 식으로 모르는가'를 파악할 필요가 있습니다.

즉, 목적의식을 명확히 해야 합니다.

'무엇을 이해하지 못하는가'를 파악한 후 목적을 의식하고 질문해야 답변에 담긴 정보도 효율적으로 흡수(= 이해)할 수 있습니다.

한편 자신을 제대로 돌아보지 못해 '즉흥적인 질문'만 하면 좋은 답변을 들을 수 없습니다.

설사 좋은 답변을 들었다고 해도 목적의식이 없어서 제대로 흡수하지 못하게 됩니다.

이해력을 높이고 싶다면 상대에게 맡기는 '수동적 질문' 말고 목적의식 있는 '능동적 질문'을 던져야 합니다.

'가설'을 세워서 이해를 심화한다

이해력 있는 사람은 '가설을 세우는 능력'이 있습니다.

가설이란 '정보를 충분히 모으지 못했거나 분석 · 검증을 끝내지 못한 시점에서 생각해 낸 가상의 답'입니다.

쉽게 말해, 보고 들은 정보나 눈앞의 현상에 대해 '이건 ○○가 아닐까?', '아마 ○○일 거야'라고 미리 생각하는 것을 말합니다.

가설을 세운 뒤에는 필요한 정보를 모으고 분석 · 검증하여 가설의 정확성을 판단합니다.

- 업무 계획을 세울 때
- 기획안을 작성할 때
- 문제가 생겼을 때
- 영업이나 교섭에 임할 때
- 자료나 글을 읽을 때
- 남의 말을 들을 때

가설은 위와 같은 다양한 장면에서 효과를 발휘합니다.

가설이 기준선으로 작용하며 이해를 도와주기 때문입니다.

그러면 가설을 어떻게 세우면 좋을까요?

우선 이해할 대상과 관련이 있을 듯한 기존 '이해 상자'를 뇌 속 자료실에서 찾아내야 합니다.

가령 여러분이 거래처와 자사의 인식이 서로 어긋나 있다는 사실을 방금 알아챘다고 합시다.

이럴 때 이해력 있는 사람은 '원인이 무엇일까?'라고 궁금해하며 즉시 뇌 속 자료실을 검색하기 시작합니다.

그러면 금세 '3년 전에도 다른 회사와 비슷한 문제를 겪었다'라고 깨닫게 됩니다. 그 정보를 참고하여 '이번에도 3년 전처럼 회의록을 공유하지 않아서 문제가 생겼다'라는 가설을 세울 수 있습니다.

이처럼 가설이 있으면 새로운 상황을 이해하기 쉬워집니다.

심지어 가설만 정확하게 세운다면 그 후의 이해 과정은 단순한 '정답 풀이'가 되니 크게 신경 쓸 필요가 없어집니다.

만일 가설이 틀린다 해도 '가설 중 ○○ 부분이 틀렸다'라는 데이터가 쌓이므로 다음번에는 더 정확한 방향으로 궤도를 수정할 수 있습니다.

다른 사람과 가설을 공유하면 효과가 더 커집니다. 두 가설의 차이를 인식한 순간 '어? 내 가설이 틀렸나?'라는 생각이 들면서 집중력이 올라가기 때문입니다.

그 결과, 이해도도 훨씬 높아집니다.

물론 가설과 최종 이해(정답)의 '격차' 역시 새로운 정보(이해 상자)로 뇌 속에 보관되므로 뇌 속 자료실도 확충됩니다.

이렇게 뇌 속 자료실이 확충되면 가설의 정확도가 다시 높아집니다. 그야말로 선순환이 시작되는 것입니다.

'반론'을 통해 이해를 심화한다

정말로 깊은 이해를 원한다면 '수동적 이해'에서 벗어나 '능동적 이해'를 실천해야 합니다.

세상에는 틀린 정보, 의심스러운 정보, 모호한 정보가 많기 때문입니다.

심지어 전달자(화자나 필자) 본인조차 자신이 발신하는 정보를 정확히 이해하지 못할 때가 많습니다.

능동적 이해에 가장 효과적인 수단이 '반론'입니다.

예를 들어 동료가 "일반적으로 생각할 때 이 상품은 판로 A로는 팔리지 않을 거예요. 판로 B로 팔아야 합니다"라고 발언했다고 합시다.

이때 어떻게 반론할 수 있을까요?

"어째서 그렇게 판단하시죠? 저는 ○○의 이유로 판로 A로도 충분히 팔 수 있다고 생각합니다."

물론 이 반론을 실제로 제기할지 말지는 상황에 따라 판단해야겠죠.

하지만 실제로 발언하지 않고 속으로만 반론을 제기해도 사고 회로가 돌아가기 시작합니다.

그 순간 '그 정보는 정말 옳은가?'라는 자기 검증이 시작됩니다.

이 사고 과정이 여러분의 이해를 심화할 수 있습니다.

물론 여러분이 제기하는 반론은 옳을 때도 있고 틀릴 때도 있습니다.

그러나 옳고 그름은 중요하지 않습니다.

반론을 제기함으로써 이해가 깊어지고 식견이 넓어지므로 옳든 틀리든 제기하는 편이 이득입니다.

반론은 정보를 정밀하게 점검하는 행위입니다.

반론을 거쳐 더 정확한 정보를 도출할 수 있습니다.

반론을 더 적극적으로 활용하려면 정보를 접할 때 수동적인 자세가 아닌 능동적인 자세로 반론하는 연습을 많이 해야 합니다.

TV나 신문, 잡지, 인터넷 뉴스 등 일상적인 정보를 접할 때마다 일부러라도 반론을 제기해 보면 어떨까요?

특히 주어진 정보를 의심 없이 잘 믿는 사람은 반론하는 습관을 통해 이해력을 강화할 수 있습니다.

'토론'을 통해 이해를 심화한다

'토론' 역시 이해를 심화하는 데 효과적인 방법입니다.

각자의 의견과 주장을 나누다 보면 문제의 본질이 드러나 최적의 답을 도출할 수 있게 됩니다. 또 전에는 보이지 않았던 장단점이나 가능성도 드러납니다.

예를 들어 A, B, C 세 명이 각자 자기 의견이 옳다고 주장한다고 해봅시다. 토론을 거치다 보면 셋 중 누가 옳은지 명확해지기도 하고 세 의견의 절충안이 떠오르기도 합니다. 그것도 아니면 세 가지 의견 외의 새로운 답 Z가 등장하기도 합니다.

어쨌든 토론에서 가장 중요한 점은 '남의 이야기를 잘 듣는 태도'입니다.

① 저 사람의 의견과 주장은 무엇인가?

② 그 의견과 주장을 지지하는 '이유와 근거'는 무엇인가?

③ 그 이유와 근거는 어떤 사실에 기초해 있는가?

④ 내 의견과는 어떻게 다른가?

토론에 감정적으로 임하는 자세는 비건설적인 태도입니다.

물론 논리로 상대를 굴복시킬 필요도 없습니다.

자신의 의견을 너무 고집해서도 안 됩니다.

감정에 휘둘리면 판단력이 흐려집니다.

어디까지나 중립적인 시선과 감정으로 각자의 의견과 주장(= 정보)을 정리하여 뇌 속 자료실에 보관합시다.

'토론'까지는 아니더라도, 평소에 다른 사람과 대화하는 장을 자주 만들어 의견을 교환한다면 무슨 일이든 정확하고 깊이 이해할 수 있게 됩니다.

여러분은 '기본 소득'에 찬성합니까?

'기본 소득'이란 '국가가 나이와 성별에 관계없이 모든 국민에게 일률적으로 현금을 지급하는 시스템'을 말합니다.

이 주제를 놓고 주위 사람들과 토론해 보세요.

다른 사람의 의견에 귀를 기울이다 보면 기본 소득에 대한 이해가 깊어질 수 있습니다.

'체험'을 통해 남의 마음을 이해한다

'남의 마음(감정)을 이해하느냐, 못하느냐'는 인간의 직업과 생활에 매우 중요한 요소입니다.

남의 마음을 이해하지 못하면 소통 자체가 성립되기 어렵습니다.

한편 남의 마음을 잘 이해하면 상대와 공감하고 공명하면서 안정적인 신뢰 관계를 구축할 수 있습니다.

그런데 태어날 때부터 부자였던 사람이 가난한 사람의 마음을 이해할 수 있을까요? 남 앞에서 긴장한 적이 한 번도 없는 사람이 소심한 사람의 마음을 이해할 수 있을까요? 감기 한 번 안 걸려 본 사람이 병약한 사람의 마음을 이해할 수 있을까요?

아마 이해하지 못할 것입니다.

사람은 직접 체험하지 않은 일을 진심으로 이해할 수 없습니다.

머리로는 희미하게 이해할지 몰라도 그것은 진짜(또는 깊은) 이해가 아닙니다. '체험을 동반하지 않는 이해'는 '체험을 동반한 이해'를 결코 따라잡을 수 없습니다.

실연당한 경험이 없는 사람은 실제로 실연을 경험하고서야 그 고통을 알게 됩니다.

번지점프를 경험한 사람은 그때부터 죽을 때까지 번지점프에 관해 이야기합니다.

'체험을 동반한 이해'는 쉽게 흔들리지 않습니다. 그 자체가 중요한 이해인 것입니다.

회사원이라면 아직 젊을 때 영업, 사무, 접객, 기획 등 다양한 업무를 경험함으로써 사업가의 마음을 깊이 이해할 수 있습니다.

물론 이 다양한 체험을 자신의 인생에도 활용할 수 있겠죠.

책을 읽고 영화를 보고 미술관에 가고 새로 생긴 레스토랑에 가 봅시다. 새로 나온 앱을 써 보고 새로 출시된 게임을 해 보고 낯선 장소를 방문해 봅시다. 새로운 경험이 늘어날수록 뇌 속 자료실이 확충되고 활성화될 것입니다.

'피드백'을 받아 이해를 심화한다

'메타 인지'(187쪽 참조)에서도 말했지만, 이해력을 높이려면 타인에게 피드백을 받는 것이 매우 효과적입니다.

본인은 제대로 이해했다고 생각했어도 주변에서 '잘못 이해했다'라거나 '이해가 어긋났다'라고 평가할 때가 적지 않습니다.

원래 인간은 자신을 객관적으로 바라보는 데 소질이 없습니다.

여러분이 지금 이만큼 성장한 것도 선배나 상사가 이것저것 지적하고 지도해 준 덕분입니다.

따라서 이해의 정확도를 높이고 싶다면 타인에게 "이렇게 이해하는 게 맞습니까?"라고 물어서 피드백을 받는 편이 좋습니다.

프레젠테이션을 하기 전에 예행 연습을 보여 주고 조언을 부탁해 봅시다.

다 쓴 글을 보여 주고 첨삭을 부탁해도 되고, "이렇게 이해하는 게 맞을까요?"라고 질문하여 이해에 대한 객관적인 피드백을 받아도 됩니다.

기업의 경우, 고객의 후기와 의견, 항의 등도 귀중한 피드백입니다. 피드백을 적극적으로 받아들여야 자사 상품과 서비스를 깊이 이해하고 더 좋은 상품과 서비스를 내놓을 수 있습니다.

또, 다른 사람과 함께 공부하거나 행동하거나 정보를 공유함으로써 이해를 심화하는 방법도 있습니다.

예를 들어 친구가 정리한 노트를 보고 '이렇게 정리할 수도 있구나'라고 깨달았다면 새로운 이해에 도달했다고 할 수 있습니다.

앞서 말했듯이 무언가를 이해할 때는 '대충 이해한 상태'로 만족하지 않고 새로운 정보나 문맥을 언제든 받아들일 수 있도록 여지를 남겨 두는 것이 중요합니다.

그런 의미에서 피드백을 받고 자신의 이해를 수정할 줄 아는 사람은 인간적으로도 충분히 더 성장할 여지가 있는 셈입니다.

'메모'를 통해 이해를 심화한다

'메모'는 이해력을 높이는 데 매우 강력한 도구입니다.

무엇이든 메모하면 기억에 오래 남고 이해도도 높아집

니다. 다음 글을 읽어 보세요.

> '재판(再販) 제도'는 정식 명칭이 '재판매 가격 유지 제도'로, 상품 제조업자(메이커)가 정한 정가대로 판매업자가 상품을 판매하게 하는 제도입니다. 독점금지법은 자유로운 가격 경쟁을 촉진하기 위해(불공정한 거래를 방지하기 위해) 재판 제도를 금지하고 있습니다.
> 그러나 서적, 잡지, 신문, 음반, 음악 테이프, 음악 CD 등 여섯 품목에 대해서만 언론 자유와 문화 보호 차원에서 예외적으로 재판 제도를 인정하고 있습니다.

이 글을 읽고 '재판 제도'를 처음 알게 된 사람도 있을 것입니다.

하지만 사람의 단기 기억은 용량이 적어서 정보가 금세 지워지기 쉽습니다.

2, 3일 후에 "재판 제도가 무엇입니까?"라고 물으면 여러분 중 대다수가 "음, 그게 뭐였죠?"라고 고개를 갸웃거릴 수 있습니다.

2, 3개월 후라면 잊어버릴 확률이 더 높겠죠.

메모는 이렇게 기억이 지워지는 사태를 막는 동시에 이해력 향상에 도움을 줍니다.

메모가 기억력과 이해력을 강화하는 이유는 다음과 같습니다.

① 외장 하드디스크 같은 효과를 발휘한다

'단기 기억'이란 정보를 몇 분에서 몇 시간 정도만 보존하는 두뇌 작용을 말합니다. 언제든 꺼내 쓸 수 있는 상태로 만들려면 정보를 '장기 기억'으로 옮겨 두어야 합니다.

그러나 정보를 처음 접할 때 대충 보고 지나치면 '장기 기억'으로의 이동이 일어나지 않습니다(즉, 잊어버립니다).

그래서 저는 늘 '메모'를 추천합니다.

메모를 작성하는 일은 데이터를 외장 하드에 저장하는 일과 같습니다.

과장을 조금 섞어 말하자면 메모만 해 놓으면 정보를 다 잊어도 괜찮습니다.

② 정보가 뇌에 즉시 입력된다

사람은 메모지에 메모할 때 펜을 쥐고 손을 움직입니다.

이렇게 손가락을 섬세하게 움직이면 뇌는 싫든 좋든 글(= 정보)에 집중하게 됩니다.

이때 글의 신호가 뇌에 직접 입력되므로 정보가 기억에 깊이 새겨집니다.

①에서 '메모만 해 놓으면 정보를 다 잊어도 괜찮다'라고 말했지만, 실제로는 메모하는 동안 뇌에 기억이 새겨지는 것입니다.

③ 반복하여 읽을 수 있어서 이해도가 높아진다

메모한 글은 메모지에 계속 남아 있으므로 몇 번이고 다시 읽을 수 있습니다.

'재판 제도'에 대한 메모

'재판(再販) 제도'는 정식 명칭이 '재판매 가격 유지 제도'로, 상품 제조업자(메이커)가 정한 정가대로 판매업자가 상품을 판매하게 하는 제도입니다. 독점금지법은 자유로운 가격 경쟁을 촉진하기 위해(불공정한 거래를 방지하기 위해) 재판 제도를 금지하고 있습니다.
그러나 서적, 잡지, 신문, 음반, 음악 테이프, 음악 CD 등 여섯 품목에 대해서만 언론 자유와 문화 보호 차원에서 예외적으로 재판 제도를 인정하고 있습니다.

메모 예시

- 메이커 정가대로 판매업자가 상품을 판매하게 하는 제도
- 독점금지법은 불공정 거래 방지를 위해 재판 제도 금지
- 서적, CD 등 6품목은 문화 보호 등의 이유로 예외 인정

메모할 때마다 기억이 강화되어(정보가 단기 기억에서 장기 기억으로 이동하여) 이해가 깊어집니다. 또 소리 내어 읽으면 기억에 더더욱 깊이 새겨지고 이해도도 더 높아집니다.

한편 메모하지 않으면 정보를 다시 읽을 기회가 없어집니다.

저는 ②라는 이유로 메모를 손으로 적는 방식을 선호합니다.

단, 스마트폰이나 PC를 이용하더라도 메모하지 않는 편보다는 훨씬 낫습니다. 자신이 처한 환경에 따라 적절한 방식을 쓰면 됩니다.

제 5 장

업무에 필요한 열 가지 이해

1

'이해해야 할 것'을 명확히 한다

'무엇을 이해해야 하는지'를 이해한다

업무 효율과 생산성을 높이려면 이해력을 강화하는 동시에 '무엇을 이해해야 하는지'를 파악해야 합니다.

'무엇을 이해해야 하는지'를 모르면 애초에 '이해해야겠다'라는 마음이 생기지 않기 때문입니다.

농구를 예로 들어 봅시다.

농구 실력을 늘리고 싶다면 '농구 규칙', '농구에 필요한 몸동작', '훈련 방법', '팀원의 경기 스타일 및 개성' 등을 집중적으로 이해해야 합니다.

'엉덩관절이 유연해지면 풋워크가 빨라진다'라는 사실을 이해하면 엉덩관절 스트레칭을 더 적극적으로 실시할 수 있습니다.

그러나 엉덩관절의 유연성이 농구 선수에게 중요하다는 사실을 모르면(이해하지 못하면) 스트레칭을 하지 않거나 하는 시늉만 낼 수도 있습니다.

이것은 하나의 사례에 불과합니다.

'무엇을 이해해야 하는지'를 이해해야 합니다.

이해력 있는 사람들은 이미 그 중요성을 잘 알고 있습니다.

그래서 업무 효율과 생산성을 높일 수 있습니다.

이번 장에서는 효율적인 업무를 위해 '무엇을 이해해야 하는지'를 열 가지로 정리해 보았습니다.

읽으면서 여러분의 업무에도 적용해 보시기 바랍니다.

무엇을 이해해야 할까 ① '목적'을 이해한다

업무에서 제일 먼저 이해해야 할 것이 '목적'입니다. 목적이란 '왜?'라는 질문에 대한 답이기도 합니다.

- 왜 이 메일을 보내는가?
- 왜 이 회의를 개최하는가?
- 왜 이 서류를 작성하는가?
- 왜 이 프로젝트를 시작했는가?

소규모의 실무든 팀, 프로젝트, 회사 규모로 진행하는 대규모 사업이든 일정한 '목적'이 있기 마련입니다.

목적을 이해하면 업무에서 성과를 내기 쉽고, 이해하지 못하면 성과를 내기 어렵습니다.

요즘 기업들이 적극적으로 도입하는 '일대일 미팅(1 on 1)'을 예로 들 수 있습니다. '일대일 미팅'이란, 말 그대로 멘토(상사, 관리자)와 멘티(부하, 팀원)가 일대일로 대화하는 상황을 말합니다.

일대일 미팅의 목적은 '부하와 신뢰 관계를 구축함으로써 부하에게 동기를 부여하고 성장을 촉진하는 것'입니다.

그런데 상사가 이 목적을 이해하지 못하면 어떻게 될까요?

상사가 일방적으로 설교하거나 부하가 일방적으로 불평을 늘어놓거나 서로 잡담만 주고받는 자리로 변질될 수 있습니다.

그러면 목적과 수단이 뒤바뀌고, 그때까지 들인 시간과 노력이 물거품이 되기 쉽습니다.

'목적을 이해하지 못하면 아무 일도 할 수 없다'라고 말해도 과언이 아닙니다.

고객에게 이메일로 '주말 전시회 안내장'을 보낸다고 합시다.

이 이메일의 목적은 무엇일까요? '고객에게 전시회의 일시와 장소를 바르게 전달하는 것'일까요?

아닙니다. 진짜 목적은 '고객이 전시회에 오게 만드는

것'입니다.

이 목적을 잘 이해하는 사람은 '날짜가 임박했는데도 고객이 전시회에 오게 하려면 내가 어떻게 말해야 할까?'라고 고민하며 글귀를 짜냅니다.

목적을 이해하고 메일을 쓰는 사람과 그렇지 않은 사람은 작문의 질에도 하늘과 땅 차이가 납니다.

성과 역시 마찬가지겠죠.

혹시 목적을 잘 모르겠다면 멋대로 해석하지 말고 목적을 아는 사람에게 물어보아야 합니다.

또 급하게 결정을 내려야 할 때도 차분하게 '목적이 뭐였지?'라고 자문하면서 원점에서부터 다시 생각하는 자세가 중요합니다.

목적에 따라 모든 것이 달라지기 때문입니다.

무엇을 이해해야 할까 ② '테마와 콘셉트'를 이해한다

업무 현장에서는 '테마와 콘셉트'를 반드시 이해해야 합니다.

주변 사람이 '테마'나 '콘셉트'라는 말을 쓰지 않아도 여러분 스스로 테마와 콘셉트를 이해해야 합니다. 그래야 업무에서 성과를 내기 쉽습니다.

간단히 말하자면 테마는 '테마', 콘셉트는 '근본적이고 일관된 뼈대'를 가리킵니다.

미용 상품 기획을 예로 들면 테마는 '안티에이징', 콘셉트는 '욕실에서 끝내는 피부 재생 활성화'가 되겠죠.

회의에서는 '의제'가 테마에 해당합니다. 의제가 '○○에 관한 의견 교환'인지, '○○○에 관한 데이터 검증'인지 확실히 공유하지 않으면 참석자 전원이 무의미한 시간만 흘려보내기 쉽습니다.

회의 도중에라도 '이건 과연 무슨 회의일까?'라는 생각이 든다면 의장에게 질문해서라도 테마를 명확히 이해할 필요가 있습니다.

테마와 콘셉트를 정확히 이해한 사람은 회의나 미팅, 교섭, 절충 등의 현장에서 주도권을 잡기 쉽습니다.

그래서 대화가 진전되지 않거나 테마에서 벗어날 때도 '이야기가 테마에서 벗어나지 않았나요?', '콘셉트를 바꿔 보면 어떨까요?'라는 식으로 궤도 수정을 촉구할 수 있습니다.

무엇을 이해해야 할까 ③ '시스템'을 이해한다

일을 잘하려면 반드시 시스템을 이해해야 합니다.

'시스템'은 '순서'나 '흐름'으로 바꿔 말할 수 있습니다.

즉, 업무가 전반적으로 어떻게 배치되어 있으며 어떻게 흘러가는지 이해해야 한다는 뜻입니다.

만약 여러분이 상품 전단 제작을 담당하는 사람이라면 '구매층 조사', '판촉 포인트 지정', '상품 촬영', '디자인 발주', '홍보 문구 작성', '인쇄 발주', '전단 배포 의뢰' 등의 업무를 진행하겠죠.

그 외에 '상사에게 보고하기'라는 업무도 있을지 모릅니다.

일의 목적을 효율적으로 달성하고 싶다면 이 업무의 목

록과 순서, 우선순위를 대략 파악해 둘 필요가 있습니다.

마지막에 상사의 결재를 받아야 한다면 '판촉 포인트 지정'이나 '디자인 발주' 전에 상사의 의향을 미리 파악해 두는 게 좋습니다.

또 전단 디자인은 디자이너의 기량이나 감각에 크게 좌우되므로, 각 디자이너의 '특기'를 미리 파악하여 전단 콘셉트를 구현할 디자이너를 선택하도록 합시다.

이처럼 일을 하다 보면 세세한 업무들이 서로 밀접하게 얽히기 마련입니다.

A라는 업무를 이해하지 못하면 B나 C라는 업무가 돌아가지 않는 (또는 잘못된 방향으로 돌아가는) 일도 흔합니다.

따라서 눈앞의 일에 집중하는 동시에 전체 시스템을 파악해 두어야 합니다.

무엇을 이해해야 할까 ④ '이유'를 이해한다

'이 일을 하는 이유가 무엇일까?'

'어째서 그 일을 박 과장이 하고 있을까?'

'굳이 이 이벤트를 여는 이유는 뭘까?'

'어째서 A안이 아닌 B안을 골랐을까?'

일을 하다 보면 이유를 묻게 되는 순간이 반드시 찾아옵니다.

이때 대답을 찾기 어렵다면 자신이 이유를 제대로 이해하지 못했다는 뜻입니다.

이유가 없는 (또는 목적을 벗어난) 일에서는 성과를 내기 어렵습니다.

영업직이라면 '그 고객에게 이 상품이 필요한 이유는 무엇인가'라는 질문에 명쾌하게 답할 수 있어야 합니다. 만약 그러지 못하면 고객의 관심도 끌지 못하게 됩니다.

이유를 찾는 질문이 'Why(왜)?'입니다.

무슨 일을 하든 '왜?'라는 질문을 던져 명확한 이유를 찾아야 합니다.

자기 행동에 대해서도 '왜?'라는 질문을 던져 자기 자신을 더욱 깊이 이해하도록 노력합시다.

'왜 오늘은 일이 잘 풀리지 않았을까?'

'왜 상사가 지시했을 때 화가 났을까?'

'왜 갑자기 영어 회화를 배우고 싶어졌을까?'

이유를 찾는 질문 'Why?'

답하기 어렵다면 이유를 제대로 이해하지 못했다는 뜻이다.

자기 생각이나 행동의 이유를 이해하면 일의 효율과 생산성이 높아지고, 고민이나 과제도 쉽게 해결된다.

자기 생각이나 행동의 이유를 이해하면 일의 효율과 생산성이 높아지고, 고민이나 과제도 쉽게 해결할 수 있습니다.

모호한 이유밖에 찾지 못했다면 '이 일은 굳이 안 해도 되겠다', '다른 방법을 찾아보자'라고 결단함으로써 타성으로 '목적 없이' 반복된 악습을 끊을 수도 있습니다.

이유를 이해하면 일하는 방식이나 생활 양식이 대단히 건전해집니다.

무엇을 이해해야 할까 ⑤ '배경'을 이해한다

'배경'이란 사건이나 사물의 뒤에 가려진 사정을 말하는데, 일반적으로는 쉽게 눈에 띄지 않으므로 능동적으로 이해하려는 자세가 필요합니다.

예를 들어 A라는 서비스가 유행하는 배경에는 '저출산 고령화의 가속'이라는 사회 현상이 숨어 있을지도 모릅니다.

회사가 30대의 젊은 임원을 발탁한 배경에는 '젊은 세대의 감각을 따라가지 못하는 기업의 쇠퇴 경향'을 증명하는 데이터가 있을지도 모릅니다.

세상에는 눈에 띄어 쉽게 알아낼 수 있는 배경도 있지만 꼭꼭 숨어 있어 알아내기 어려운 배경도 있습니다.

여러분이 회사 내 인사이동을 이해하지 못하는 이유는 어쩌면 사내의 숨겨진 정치적 배경(파벌 대립 등)을 이해하지 못하기 때문일 수도 있습니다.

이해력 있는 사람은 눈에 보이지 않는 배경까지 민감하게 감지합니다.

배경을 이해하기 위해 배경의 종류도 알아 두면 좋습니다.

배경에는 사회적 배경, 심리적 배경, 정치적 배경, 경제적 배경, 환경적 배경 등이 있습니다.

여러분이 A씨를 이해하지 못하는 이유는 A씨의 심리적 배경(부모와의 관계 등)을 모르기 때문일지도 모릅니다.

일이나 생활이 자꾸 생각과는 다른 방향으로 흘러간다면 잠시 멈춰서서 '이렇게 된 배경에는 무엇이 있을까?'라고 생각해 봅시다.

배경을 이해해야 타개책을 쉽게 찾을 수 있습니다.

무엇을 이해해야 할까 ⑥ '전제'를 이해한다

전제가 달라지면 모든 것이 달라집니다.

예를 들어 여러분이 '입원하면 하루에 15만원을 돌려받는다'라고 알려진 보험 A에 가입할 의사가 있다고 합시다.

그런데 알고 보니 '사고나 전염병으로 인한 지정 감염증에 의한 입원은 제외한다'라는 규정이 있었습니다. 그러면 어떻게 될까요?

아마도 관심이 싹 사라져서 '이제 계약할 이유가 없다'라며 가입을 포기하겠죠.

전제가 달라졌기 때문입니다.

전제란 '어떤 사건이나 사물이 성립되기 위한 기본 조건'을 말합니다.

즉, 모든 결론, 결단, 판단의 기준이 될 만큼 중요한 조건입니다.

계약이나 교섭 현장에서는 물론이고 평소의 회의나 미팅에서도 의제가 성립하기 위한 전제 조건을 반드시 알고 있어야 합니다.

나중에 마찰이 생기는 사태를 미리 방지하려면 필요에 따라 "전제를 확인해도 되겠습니까?", "전제를 공유할까요?"라고 제안하여 서로 정확하게 확인하고 넘어가는 편이 좋습니다.

전제는 그 자체로 하나의 '이해 상자'면서 다른 이해 상자에 영향을 끼치기도 합니다.

프로젝트의 목표(전제)가 '사회 공헌'인가, '고용 창출'인가, '자사 브랜딩'인가에 따라 이후 이야기에 대한 이해가 전부 달라지기 때문입니다.

만약 전달자 역할을 맡았다면 오해가 발생하여 나중에 마찰이 일어나지 않도록 중요한 '전제'를 빠짐없이 전달하는 습관을 들입시다.

비즈니스 현장에서는 비용(금전적 비용, 시간적 비용, 작업 비용, 심리 비용)이 얼마나 드는지가 중요한 전제가 될 때가 많습니다.

또 일을 추진하는 방법이나 순서, 활용하는 도구, 함께 일할 사람들, 기한, 취급하는 상품과 서비스, 테마와 콘셉트, 방침, 판매 대상 등이 전제가 되기도 합니다.

전제를 민감하게 다루는 사람은 무엇이든 올바르게 이해하려는 의식도 강합니다.

무엇을 이해해야 할까 ⑦ '현재 상황'을 이해한다

업무 현장에서는 현재 상황을 이해하는 능력이 무엇보다 중요합니다.

상황을 이해하지 못하면 이후에 어떤 행동을 취해야 할지 알 수 없기 때문입니다.

예를 들어 공장 제조 설비에 문제가 생겨 제품 생산이 중단되었다고 합시다. 이때 '제조 설비가 가동을 멈췄다'라고 인식하는 것은 현상 이해의 시작일 뿐입니다.

적절한 대응을 위해서는 상황의 다양한 측면을 깊이 이

해할 필요가 있습니다.

- 정지 후 경과 시간
- 정지한 원인
- 생산 직원에 대한 조치
- 복구 방법
- 정지 후 복구까지의 제조 손실
- 복구하지 않을 경우의 대응책

이처럼 어떤 측면을 이해해야 할지 미리 파악해 두면 전체 상황을 더욱 잘 이해할 수 있습니다.

평소에 상황을 잘 이해하지 못하는 사람은 업무에서 벌어지는 상황을 몇몇 패턴으로 정리하고, 패턴별로 '어떤 측면을 이해해야 하는지'를 목록으로 만들어 두길 추천합니다.

또 상황을 잘 이해하고 싶다면 현재 상황을 자세히 관찰하는 동시에 이전에 비슷한 상황을 겪은 적이 있는지, 뇌 속 자료실을 검색해 보는 편이 좋습니다.

현재 상황을 제대로 이해하면 미래 업무의 질이 향상됩니다.

무엇을 이해해야 할까 ⑧ '위험'을 이해한다

새로운 도전에는 크든 작든 위험이 따릅니다. 따라서 위험에 대한 이해가 부족하면 일에서 쓰라린 실패를 맛볼 수 있습니다.

- 만약 그 상품이 안 팔리면 어떻게 하지?
- 만약 그 회사와의 제휴가 실패로 끝나면 어떻게 하지?
- 만약 그 사람을 리더로 뽑았는데 일이 잘 안 돌아가면 어떻게 하지?
- 만약 이 프로젝트가 망하면 어떻게 하지?

다양한 측면의 위험을 상정하고 대책까지 이해한다면 '만약의 사태'가 일어나도 신속하고 적절하게 대응할 수 있습니다.

한편 '만약의 사태'가 일어난 뒤에야 대책을 생각하는

사람이라면 평소에도 대책 없이 일할 가능성이 큽니다.

그런 사람은 상사가 "만약 A사가 거절하면 어떻게 할 생각이야?"라고 질문하더라도 "음, 글쎄요. 어떻게 할까요?"라고 대답하겠죠.

또 여러분 외에 다른 의사결정자가 있다면 "만약 ○○라면 어떻게 대응할까요?"라고 질문하여 위험에 관한 정보와 대책을 미리 공유할 필요가 있습니다.

혹시 그 사람이 아무 생각도 없어 보인다면 내 쪽에서 "만약 ○○가 실패한다면 △△로 대응하겠습니다"라는 식으로 구체적인 위험 대비책을 전달해 놓아야 합니다.

올바른 위험 관리는 위험을 바르게 이해하는 것에서부터 시작됩니다.

무엇을 이해해야 할까 ⑨ '역할'을 이해한다

거의 모든 직장에서는 사람마다 각기 다른 역할을 맡고 있습니다.

회사 내의 주요한 역할은 총무, 경리, 영업, 판매, 제작,

홍보 등 부서 단위로 나뉩니다.

또 한 부서 내, 팀 내에서도 업무 역할이 세세히 나뉩니다.

'역할을 이해한다'라는 말은 회사나 부서 내에서 '내가 맡은 역할은 무엇인가?', '다른 사람(○○씨)이 맡은 역할은 무엇인가?'를 이해하는 일을 말합니다.

역할을 제대로 이해하지 못하는 사람은 자기 일을 소홀히 하거나 (나쁜 의미로) 남의 일에 간섭하고 끼어들기도 합니다.

물론 업무 역할의 경계선이 희미할 때도 있습니다.

어떤 업무가 누구에게 속하는지 헷갈릴 때는 서로 의논해 가며 그때그때 역할을 정하면 됩니다.

'역할'을 잘 이해하는 사람은 소통할 때 오해를 거의 일으키지 않고, 일을 남에게 부탁하거나 맡기는 데에도 별 어려움을 느끼지 않습니다.

리더는 '역할'을 더욱 잘 이해해야 합니다.

부하의 역할을 이해해야만 동기를 부여하는 등 부하를

적절하게 관리할 수 있기 때문입니다.

- 자신의 역할
- 타인의 역할
- 역할 사이의 경계

직장에서는 이 세 가지를 항상 파악하고 있어야 합니다.

무엇을 이해해야 할까 ⑩ '행동'을 이해한다

일은 '입력'과 '출력'의 반복입니다.

예를 들어 고객이 "로그인이 안 됩니다"라고 문의했다면(= 입력), '로그인 방법 설명하기', '패스워드 변경 안내하기' 등의 행동(= 출력)을 개시할 필요가 있습니다.

이런 문의를 방치하면 심각한 불만으로 발전할 수 있습니다.

이럴 때 이해력 있는 사람은 입력된 정보를 잘 이해하고 자신이 행동을 개시할지, 혹은 다른 사람에게 행동을 맡길지, 자신이 행동한다면 어떤 행동이 좋을지 적절히 구분할 수 있습니다.

출력은 형태가 다양합니다. 견적서를 만들거나 거래처에 연락하거나 상사에게 보고할 수도 있고 홈페이지 내용을 수정하거나 이메일로 약속을 잡거나 미팅을 개최할 수도 있습니다. 그것도 아니면 다른 영업사원에게 일을 맡길 수도 있습니다. 어쨌든 입력이 발생하면 반드시 출력이 뒤따릅니다.

입력이 발생한 후 행동을 개시하기 전에 다음과 같은 판단을 내려야 합니다.

① 자신이 직접 행동해야 하는지 판단한다.
② (직접 행동한다면) 어떻게 행동할지 판단한다.
③ (직접 행동하지 않는다면) 누구에게 맡길지 판단한다.
④ 어떤 순서로 행동할지 판단한다(우선순위 정하기).

'내가 해야 하는 일인가?', '무엇을 해야 할까?', '무엇부터 해야 할까?'를 결정해야 합니다. 만약 결정하기 어렵다면 주위 사람과 의논해도 좋습니다.

입력이 발생했는데도 행동을 개시하지 못하거나 잘못된 행동을 하면 일에 문제가 생길 뿐만 아니라 본인의 신뢰도까지 하락하게 됩니다.

제 6 장

표현으로 '이해'를 돕는다

1

이해를 내 것으로 만드는 구체적인 표현

이해의 목적은 삶의 변화

이해의 목적은 무엇일까요?

우리의 직업과 생활을 더 낫게 만드는 것입니다.

다시 말해 우리 자신과 주위 사람과 사회를 풍요하게 만들기 위해 이해가 필요합니다.

물론 본인의 뇌 속 자료실을 꽉 채운 점만으로 만족할 수도 있습니다.

하지만 이해한 모든 정보를 독점한다면 아깝지 않습니까? 독점은 '이해의 본질'에 어긋나는 행위라고도 말할 수 있습니다.

지식과 정보를 공유하여 남을 돕는다면 여러분의 '신용 잔고'가 늘어나게 됩니다.

누군가가 여러분이 공유한 지식과 정보로 이득을 보기 때문입니다.

그렇게 누군가가 이득을 볼 때마다 신용 잔고가 차곡차곡 늘어납니다.

정보와 지식을 남에게 아낌없이 나누어 주면 그들도 여러분에게 보답할 것입니다.

보답의 형태는 다양합니다.

정보, 인맥, 응원, 금전, 시간 등등 여러 가지죠.

'상호성의 법칙'이라는 심리학 용어가 있습니다.

'모든 사람은 남에게서 받은 호의를 보답하고 싶어 한다'라는 심리학 이론입니다. 지식이나 정보를 공유하는 일도 당연히 호의를 베푸는 행위입니다.

'주는 사람이 받는 사람'[6]이라는 격언은 성공 철학 분야에서도 특히 유명합니다.

지금까지 작가로서 수천 명을 취재한 저도 이만큼 정확한 말이 없다고 생각합니다.

도움을 받고 싶다면 먼저 도와야 합니다. 응원을 받고 싶다면 먼저 응원해 주어야 합니다.

이해란 '남에게 나눠줄 자원을 만드는 행위'입니다.

'이해의 본질'을 제대로 이해하는 사람은 그 사실을 잘 알고 있습니다.

그런데 재미있게도 유용한 지식이나 정보를 나눠주는 사람에게는 더 유용한 (또는 새로운) 지식과 정보가 모여 듭니다.

비슷한, 혹은 더 나은 지식이나 정보를 가진 사람이 서로 정보를 교환하고 싶어 하기 때문입니다.

이것도 정보와 지식을 공유할 때 얻게 되는 큰 혜택이라 할 수 있습니다.

---

6) 성경에서 유래한 말. "주어라. 그리하면 너희에게 줄 것이니."
 – 누가복음 6장 38

인간에게는 원래 남을 도우려는 욕구가 있습니다.

'남을 돕고 싶다', '남과 나누고 싶다'라는 욕구는 인간의 본능입니다.

인간은 충분한 이해로 자신의 뇌 속 자료실을 꽉 채운다고 해서 행복해지는 존재가 아닙니다.

오히려 자신이 가진 것을 외부 세계와 적극적으로 공유할 때 행복해지는 존재입니다(본인은 자각하지 못할지도 모르지만).

'주는 사람이 받는 사람'입니다.

이해력을 높여 뇌 속 자료실을 채우고 활성화하면 여러분에게 '주는 사람'이 될 권리가 부여됩니다.

꽉 찬 뇌 속 자료실을 보며 혼자 만족해도 되지만 남을 돕기 위한 자원으로 활용할 수도 있습니다. 결정은 여러분의 몫입니다.

이해를 '선택과 결단'에 활용한다

인생에서 선택과 결단은 매우 중요한 요소입니다.

우리는 직장에서도 매일 세세한 선택과 결단에 쫓겨 다닙니다. 어떤 일을 하고 어디에 살고 누구와 어울리고 무엇을 사느냐 하는 선택과 결단 말입니다.

그렇습니다. 인생은 선택과 결단의 연속입니다.

이해력이 뛰어난 사람과 그렇지 않은 사람은 선택과 결단에도 큰 차이가 있습니다.

전자는 '현명한 선택과 결단'을 할 수 있지만, 후자는 그렇지 않습니다.

예를 들어 회사를 옮긴다고 합시다.

이직할 회사에 대해 얼마나 깊이 이해하면 이직에 성공할까요?

- 기본 정보(자본, 역사, 사업, 업태, 매출, 영업이익, 종업원 수, 기업이념 등)
- 근무지, 근무 시간

- 급여 · 상여
- 승급 · 승진 시스템
- 업무 내용
- 복리후생 / 수당 / 보험

위의 사항이 일반적으로 조사하는 항목들입니다.

그러나 이 외에도 이해해야 할 조항들이 있습니다.

거시적으로는 '업계 내 경쟁력', '회사 내부 유보율', '사업의 장래성', '평균 근속연수', '경영진 구성', '사풍(직장 환경)' 등을 이해해야 하고, 미시적으로는 '내가 능력을 발휘할 수 있는 환경인가', '하루 업무의 흐름' 등을 이해해야 합니다.

기업의 본모습을 제대로 이해하고 싶다면 거기서 일하는 직원이나 퇴직한 직원, 경쟁 타사 직원, 이직 컨설턴트 등에게 문의하여 다양한 정보를 얻을 수 있습니다.

그 기업이 제공하는 서비스를 이용하는 고객의 입을 통해 기업의 민낯을 들여다볼 수도 있습니다.

"이름만 대면 알 만한 기업인데다 실적도 더할 나위 없어서 이직했는데, 막상 들어가 보니 돈만 밝히는 삭막한 회사더라고요. 무리한 영업 목표를 요구하는 데다 상명하복 문화가 너무 강했습니다. 직원들이 전부 정신적으로 피폐해진 듯해서 혹시나 하고 알아보니 아니나 다를까, 평균 근속연수가 형편없이 짧았습니다. 이런 사실을 알았으니 저도 일찌감치 그만두지 않을까요."

얕은 이해로 만족하고 넘어가면 여러분도 이런 고백을 하게 될지 모릅니다.

물론 무엇을 선택하든 그 선택이 정답이 되도록 대응책을 미리 마련해 두는 편이 좋습니다.

그러나 그것은 사후의 일이고, '이해력'과는 상관없는 이야기입니다.

선택과 결단의 성패는 '결정하는 시점에 무엇을 얼마나 이해했느냐'에 달려 있습니다.

혹시 지금 중요한 선택을 하거나 결단을 내려야 하나요?

그렇다면 지금 여러분은 무엇을 얼마나 이해하고 있습

니까?

현명한 선택과 결단을 위해서는 기본적인 정보뿐만 아니라 이면의 보이지 않는 정보에도 관심을 기울여야 합니다.

다각적 관점에서 상황을 바라보는 자세가 여러분의 선택과 결단을 성공으로 이끕니다.

이해를 '말하기·글쓰기'에 활용한다

'말과 글'의 질은 이해력에 크게 좌우됩니다.

이해력이 부족한 사람은 뇌 속 자료실의 '이해 상자'가 뒤죽박죽으로 엉켜 있어서 정보를 알아듣기 쉽게 전달하지 못합니다.

한편 이해력이 뛰어난 사람은 뇌 속 자료실의 '이해 상자'가 질서정연하게 정리되어 있어서 청자나 독자가 알아듣기 쉬운 형태로 정보를 전달합니다.

다음 글을 읽어 보세요.

원문

글을 퇴고할 때 추천하는 방법을 말하자면, 인쇄도 좋습니다. 오탈자, 문체, 어색한 흐름 등 부족한 점을 알아채기 쉽습니다. 자신이 쓴 글과 마주할 수 있습니다. 설명이 부족할 때도 있을 것입니다. 묵독만 하는 것도 좋지 않습니다. 앞에서 말한 오탈자 등 세세한 곳까지 눈이 잘 가지 않습니다. 리듬이 나쁜 문장도 좋은 문장이라 할 수 없습니다. 그래서 음독입니다. 단, 모든 글을 인쇄한다면 시간도 돈도 많이 들게 됩니다(자원도 낭비됩니다). 이것은 승부를 걸 핵심 문장에 활용합시다.

무슨 말인지 이해하기 어려운 글입니다. 정보를 정리하지 않은 채 전달하는 전형적 사례라 할 수 있습니다. 글쓴이는 '뒤죽박죽 상자'를 상대에게 전달하고 있습니다.

이런 글(말)은 상대에게 정리를 강요한다는 점이 특히 나쁩니다. 게다가 본인은 '뒤죽박죽 상자'를 전달하면서도 아무런 죄의식을 느끼지 않습니다.

상자 안에 어쨌든 정보가 들어 있으니 괜찮다고 여기기

때문입니다.

그러면 상자들을 정리해 볼까요?

수정문

① 글을 퇴고하는 방법으로는 '인쇄해서 읽기'를 추천합니다. [← 결론] 글을 인쇄해서 읽어 보면 새로운 기분과 넓은 시야로 자신이 쓴 글을 마주할 수 있습니다. [← 이유] 그러면 '오탈자', '문체 불일치', '어색한 흐름', '설명 부족' 등의 결점을 알아채기도 쉽습니다. [← 구체적 사례]

② 단, 모든 글을 인쇄한다면 시간도 돈도 많이 들 것입니다(자원도 낭비됩니다). '이 문장은 중요해!' 라고 생각하는 핵심 문장에만 이 방법을 활용합시다. [← 정보 보강 ①]

③ 또 인쇄한 글은 묵독하기보다 음독하기를 추천합니다. 그래야 글의 세세한 결함을 찾아내기 쉽기 때문입니다. 글의 리듬도 확인할 수 있으니 그야말로 일거양득입니다. [보강 ②]

술술 읽히고 이해하기 쉬운 글로 바꿔 보았습니다.

수정문을 작성할 때는 다음과 같은 원칙을 따랐습니다.

① 정보를 그룹으로 나눈다

이 글의 정보는 크게 ①, ②, ③의 세 덩어리로 나뉘어 있습니다.

또 각각의 덩어리도 더 잘게 나뉩니다. 가령 ①은 '결론', '이유', '구체적 사례'라는 세 부분으로 나뉘어 있습니다.

그리고 다시 '구체적 사례'는 '오탈자', '문체 불일치', '어색한 흐름', '설명 부족'이라는 네 부분으로 나뉩니다.

즉, 큰 상자 안에 중간 상자가 있고 중간 상자 안에 또 작은 상자가 들어 있는 구조입니다.

쉽게 읽히고 이해되는 말과 글은 이런 '상자 속 상자 구조'로 이루어질 때가 많습니다.

② 이해하기 쉬운 순서를 적용한다

아무리 '상자 속 상자' 구조여도 정보가 잘못된 순서로 나열되어 있으면 이해하기가 어렵습니다.

예를 들어 앞의 수정문이 ③ → ② → ① 순서로 나열되어 있었다면 독자가 쉽게 이해하지 못했겠죠.

기본적인 순서는 큰 정보에서 작은 정보로, 즉 '줄기 → 가지 → 잎'이라는 것을 잊지 마세요.

③ 적절한 단어를 사용한다

원문의 첫 문장을 다시 읽어 봅시다.

"글을 퇴고할 때 추천하는 방법을 말하자면, 인쇄도 좋습니다."

매우 부자연스러운 문장입니다. 수정문에서는 어떻게 바뀌었을까요?

"글을 퇴고하는 방법으로는 '인쇄해서 읽기'를 추천합니다."

훨씬 자연스러운 문장이 되었습니다.

"이것은 승부를 걸 핵심 문장에 활용합시다."

이 문장도 의미가 모호하여 수정이 필요합니다.

"이 문장은 '중요해!'라고 생각하는 핵심 문장에만 이 방법을 활용합시다."

이렇게 바꾸니 의미가 훨씬 명료해졌습니다.

사실 앞의 원문을 읽었을 때도 '술술 읽히지는 않지만, 내용은 어느 정도 이해했다'라고 생각한 사람이 있었을 것입니다.

그들은 뒤죽박죽 상자를 전달해도 '아마 이런 뜻일 거야'라고 추측하여 내용을 대략 이해하는 능력자들입니다.

뇌 속 자료실을 확충하고 활성화했을 뿐만 아니라 독해에 필요한 '이해 상자'도 깔끔하게 정리해 둔 덕분에 '뒤죽박죽 상자'마저 알아서 처리할 수 있습니다.

그러나 원문을 이해하지 못한 사람은 뇌 속 자료실이 아직 충분히 확충되고 활성화되지 않았고 독해에 필요한 '이해 상자'도 정리되지 않아서 '뒤죽박죽 상자'를 처리하지 못했습니다.

이런 두서없는 글까지 이해하는 사람이 되려면 제가 이 책에서 소개한 사고방식과 노하우를 활용하여 이해력을 강화함으로써 뇌 속 자료실을 조금씩 확충하고 활성화해야 합니다.

또 이런 글을 접할 때마다 자신이 이해하지 못한 원인을 생각해 보고 '잘 읽히고 잘 이해되는 글을 쓰려면 어떻게 해야 할까?', '나라면 이 내용을 어떻게 전달할까?'라고 생각해 보는 습관을 들여야 합니다.

거듭 말하지만, 화자나 필자로서 '쉽게 읽히는 글쓰기', '쉽게 이해되는 글쓰기'에 신경 쓰다 보면 이해력도 저절로 높아지게 됩니다.

2

상대의 이해 수준을 파악한다

이해에 '감정'을 개입시키지 말 것

'논리'보다 '감정'에 치우치는 경향이 있는 사람은 주의해야 합니다.

감정에 치우치는 사람이란, 예를 들어 마음에 들지 않는 동료가 A안을 지지하면 내용을 검토하지도 않고 A안을 반대하고 나서는 사람을 말합니다.

개중에는 기를 써가며 A안을 깎아내리는 사람도 있습니다.

그야말로 감정이 논리를 삼켜 버린 상태죠.

이렇게 감정에 휘둘리는 상태로는 정확한 판단을 내릴 수 없습니다.

일이 잘 풀릴 때도 조심해야 합니다.

그럴 때는 기분이 들떠서 무엇이든 다 좋아 보입니다.

그러면 정확성이나 효과를 제대로 조사해 보지도 않고 분위기에 휩쓸려 행동을 개시할 우려가 있습니다.

- 감정에 자주 휘둘린다.
- 감정적 반응이 격렬한 편이다.
- 종종 앙심을 품는다.
- 기분파라는 평가를 받는다.

이런 특징이 있는 사람은 감정이 이해를 가로막고 있지는 않은지 시시때때로 점검해야 합니다.

또 무언가 이해해야 할 때는 의식적으로 감정을 배제하

는 편이 좋습니다.

어느 순간 감정이 우세해졌음을 자각하면 심호흡하거나 자리를 옮겨 체조나 산책을 하는 등 기분을 전환하려는 노력이 중요합니다.

다만 사람과의 소통에서는 (특히 사적인 영역에서는) 감정을 우선해야 할 때가 있습니다.

상대의 기분에 공감하거나 자신의 속마음을 털어놓으면 서로에 대한 이해가 깊어지기 때문입니다.

감정을 너무 억제하면 몸과 마음에 문제가 생길 수도 있습니다.

감정을 배제해야 할 사안과 감정에 따라야 할 사안을 구분할 줄 알아야 합니다. 그런 사람은 일에서도 성과를 내고 인간관계도 현명하게 구축합니다.

업무와 사생활의 감정 활용법

사회생활

- 감정에 자주 휘둘린다.
- 감정적 반응이 격렬한 편이다.
- 종종 앙심을 품는다.
- 기분파라는 평가를 받는다.

일에 필요한 정보를 이해할 때는 감정을 배제한다.

사생활

상대의 기분에 공감하거나 자신의 속마음을 털어놓으면 서로에 대한 이해가 깊어진다.

감정을 배제해야 할 때와 감정에 따라야 할 때를 구분한다.

이해의 엔진은 '동기'

일하다 보면 이해력이 떨어지는 사람 때문에 답답할 때가 있습니다.

하지만 그런 사람에게 아무리 이해를 요구해도 상황은 달라지지 않습니다.

본인에게 이해하려는 마음이 없기 때문입니다.

'이해하려는 마음'은 '동기'로 바꿔 말할 수 있습니다.

'동기'란 '사람에게 특정한 의지나 행동을 불러일으키는 원인'을 말합니다. 동기에는 의식적인 동기도 있지만 무의식적인 동기도 있습니다.

이직을 희망하는 사람이라면 자신이 이직하려는 업계나 기업을 필사적으로 연구하기 마련입니다.

1년에 천만 원을 모으겠다고 결심한 사람이라면 지출을 줄이는 기술을 필사적으로 알아볼 테고요.

갑자기 상품 개발부로 이동한 사람이라면 상품 개발 노하우를 배우거나 경쟁 상품을 조사하느라 여념이 없겠죠.

무언가를 이해하려 할 때는 자신에게 동기가 있는지부터 살펴보는 것이 좋습니다.

물론 원래부터 좋아하는 일이나 즐거운 일을 이해하려 한다면 관심 자체가 '동기'가 됩니다.

동기의 강도는 이해도에 직접적인 영향을 미칩니다.

동기가 강할수록 이해도도 당연히 높아집니다.

만약 회사 부하나 후배 중 '몇 번을 말해도 이해하지 못하는 사람'이 있다면, 그에게 강한 동기를 부여하거나 내면에 잠들어 있는 (본인은 깨닫지 못하는) 동기를 일깨울 방법을 생각해 봅시다.

예를 들어 그가 독립을 꿈꾸고 있다면 "지금 온라인 영업을 배워 두면 독립한 후에 강력한 무기가 될 거야"라고 말해 봅시다. 숨어 있던 동기가 확 살아날지도 모릅니다.

동기는 이해의 강력한 엔진입니다. 온라인 영업에 전혀 관심이 없던 사람이 갑자기 공부를 시작하여 프로그램을 열심히 익힌 끝에 높은 계약률을 자랑하는 온라인 영업 방식을 고안할 수도 있습니다.

동기도 없이 지식만 주입해서는 아무 소용도 없다는 사실을 여러분도 잘 알고 있겠죠.

하지만 도무지 관심이 생기지 않는 일이라도 기존의 관심사와 결부시켜서 동기를 만들어 낼 수 있습니다.

여러분이 그 일을 이해하려는 이유는 무엇입니까?

어떻게 하면 그 일을 이해할 더 강한 동기를 부여할 수 있을까요?

이 책을 만난 것도 인연이니, 이 기회에 한번 진지하게 생각해 보시기 바랍니다.

상대가 제대로 이해했는지 판별하는 방법

여러분의 말이나 글을 상대가 제대로 이해했는지 판별하는 방법이 있습니다.

읽거나 들은 것을 다시 설명해 달라고 하면 됩니다.

상대가 아무리 자신 있게 '이해했습니다'라고 말해도 제대로 이해했는지 알 수 없지만, 설명하는 것을 들어 보면 금세 알 수 있습니다.

제대로 이해했다면 문제없이 설명하고 제대로 이해하지 못했다면 잘못 설명하거나 아예 설명하지 못할 테니까요.

"○○에 대해 설명해 주세요."

"확인을 위해 ○○에 대해 이야기해 주세요."

"○○에 대해 가르쳐 주세요."

상대에게 이렇게 요청해 봅시다.

물론 상대의 설명을 듣고 이해도를 판별하려면 여러분

에게도 '듣는 힘'이 있어야 합니다.

상대가 핵심을 짚는지, 글과 말의 의미를 제대로 이해했는지, 흐름을 파악했는지, 목적을 이해했는지, 어떤 행동을 취해야 할지 파악했는지를 주제에 따라 적절히 판단해야 합니다.

상대가 명백한 오류를 범한다면 그 부분을 지적합시다.

명백한 오류는 없더라도 설명이 어딘가 부자연스럽거나 어색하다면 바르게 이해하지 못했을 가능성이 있습니다.

그럴 때는 "△△라고 하셨는데, 무슨 뜻입니까?", "△△ 부분을 좀 더 자세히 설명해 주세요", "만약 □□의 경우, △△는 어떻게 되죠?" 등 추가 질문을 통해 상대의 이해도를 꼼꼼히 측정해야 합니다.

그 결과, '이 사람은 제대로 이해하지 못했다'라는 판단이 서면 상대가 제대로 이해할 수 있도록 설명을 조금 더 보강해 주어야 합니다.

여러분의 안내에 따라 상대가 결국 깊은 이해에 도달한다면 상대뿐만 아니라 여러분도 큰 기쁨을 느낄 수 있습니다.

축구 훈련으로 이해를 점검한다

축구 감독이나 코치들이 활용하는 훈련 프로그램 중 선수의 플레이에 문제가 있을 때 일단 경기를 잠시 멈추고 선수 스스로 생각하게 하는 훈련이 있습니다.

구체적으로 설명하자면, 코치가 선수 A에게는 "방금 슛하지 않고 선수 B에게 패스한 이유는 뭐지?", 골키퍼인 선수 B에게는 "선수 A의 판단을 어떻게 생각해?", 주변 선수들에게도 "방금 A의 판단을 어떻게 생각해?"라고 질문해서 선수들이 스스로 생각하게 만듭니다.

해당 훈련은 선수 각자가 스스로 생각하면서 플레이하게 만드는 역할을 하며, 타성에 젖어 아무 생각 없이 경기하는 사태를 막는 것을 최종 목적으로 합니다.

선수들은 이런 사고 훈련을 통해 '축구의 전략과 전술'을 깊이 이해하게 됩니다.

이런 사고방식은 우리의 업무나 생활에도 응용할 수 있습니다.

조금이라도 어색하거나 찜찜한 기분이 들 때마다 일단 멈춰 서서 '이걸 선택해도 정말 괜찮을까?', '이렇게 이해하고 넘어가도 될까?'라고 한 번 더 생각한다면 '대충 이해하기'를 최소화할 수 있게 됩니다.

그 결과 '내 이해가 틀렸다', '내 이해가 얕았다'라고 깨닫는다면 뇌 속 자료실도 갱신되겠죠.

물론 재검토한 결과 '문제없다'라고 판단했다면 그것도 좋은 일입니다. '내가 옳았다'라고 한 번 더 확인하는 과정에서 이해가 더 깊어지기 때문입니다.

조금이라도 어색하거나 찜찜할 때, 그때가 바로 이 훈련을 떠올릴 때입니다.

만약 여러분이 상사나 리더의 위치에 있다면 이 기술을 활용하여 부하나 팀원들을 스스로 생각하게 만들어 보세요. 공통의 목표를 이해시키거나 문제 해결을 유도할 수 있을 것입니다.

표현을 통해 이해를 갱신한다

모든 일이 '이해 → 표현(말과 글)'의 순서로 진행되지는 않습니다.

이해가 완벽하지 않을 때는 표현이 오히려 이해를 돕기도 합니다.

영화를 보고 나서 '재미있는 영화였다'라고 느끼면서도 그 재미를 말로 표현하기 어려울 때가 있습니다.

그럴 때는 '일단' 표현해 보세요.

당장 생각나는 것, 머리에 떠오르는 것을 표현하다 보면 사고 회로가 돌아가기 시작합니다.

"주인공은 왜 그런 행동을 했을까? 그건 아마도..."라고 글로 쓰는 순간, 머리가 저절로 이유를 생각하게 됩니다.

그러면 금세 "어릴 때 부모한테 방치당했던 경험 때문일 거야"라는 답을 떠올릴 수 있습니다.

말은 사고의 기폭제입니다.

머리로만 생각하다 보면 생각하는 것 같으면서도 실제

로는 '생각하는 척'만 하거나 생각이 제자리에서 뱅뱅 돌 때가 많습니다.

'말'로 뇌의 회로를 돌리면 생각이 제자리걸음을 멈추고 전진하기 시작합니다. 그러면 이해가 금세 깊어집니다.

'무엇이든 물어보세요'를 흉내 내는 방안도 이해력을 비약적으로 높이는 좋은 방법입니다.

주변 사람에게 "○○에 대해 이것저것 물어봐 줄래?"라고 부탁하여 질문을 받아 봅시다.

단숨에 정확한 답을 내놓을 수 있다면 제대로 이해한 것입니다.

한편 답이 바로 나오지 않거나 쓸데없이 말을 이것저것 늘어놓게 된다면 아직 제대로 이해하지 못한 것입니다.

이렇게 질문에 답하는 과정을 통해 이해를 심화할 수도 있습니다.

그 자리에서 다양한 질문에 답하며 정보와 생각을 정리해 봅시다. '질문'이라는 마중물 덕분에 정보가 차근차근 정리되고 이해가 금세 깊어집니다.

저는 한 주에 몇 편의 동영상을 유튜브에 올립니다.

주제는 주로 '작문법'이나 '업무 노하우'입니다.

그런데 촬영하다 보면, 지금까지 여러 번 다루었던 주제인데도 여전히 이해가 부족하고 느슨하다는 사실을 깨닫게 됩니다.

'깨달았다'라는 말은 '그 주제에 대한 이해가 깊어졌다'라는 말이기도 합니다.

저는 동영상을 촬영하면서 더 성장할 기회를 얻었습니다.

그러나 이해력을 강화하고 싶어 하면서도 표현하기를 꺼리는 사람이 많습니다.

'자신이 없다', '부끄럽다', '틀릴까 두렵다' 등등 이유는 다양합니다.

이유가 무엇이든 표현을 피하다 보면 이해를 심화하고 올바른 이해에 도달할 많은 기회를 놓치게 됩니다.

이해력을 강화하고 싶다면 표현을 두려워하지 말아야 합니다.

걱정하지 마세요. 표현도 '습관'입니다.

습관처럼 계속 표현하다 보면 부끄러움이나 두려움이 옅어지고 이해력에 대한 자신감도 생기기 마련입니다.

'타인'을 끈질기게 이해한다

인간관계에서 상대를 이해하려는 마음만큼 숭고한 것은 없으리라 생각합니다.

세상에 똑같은 인간은 없습니다.

상대의 생각이나 의견, 가치관이 자신과 다른 것은 당연한 일입니다.

상대를 '있는 그대로' 이해하려고 노력해야만 안정적인 신뢰 관계를 구축할 수 있습니다.

또 상대의 눈으로 세상을 보려고 노력하다 보면 상대를 조금씩 이해할 수 있게 됩니다.

상대를 이해하려는 노력은 '사랑'에서 비롯됩니다.

'이 사람은 나와 가치관이 다르고 사고방식이 다르다. 그래서 더는 안 되겠다.' 같은 포기는 너무 쉬운 선택입니다.

사람을 쉽게 포기하면 여러분에게도 좋지 않은 영향이 나타납니다.

그러면 인생의 시야가 넓어지지 않습니다.

의견과 가치관이 다른 사람을 이해하고 받아들이다 보면 여러분 자신부터 크게 성장할 수 있습니다.

타인을 이해하는 과정에서 고통이나 거부감을 느낀다면 여러분은 어쩌면 '이해'와 '동의'를 혼동하고 있는지도 모릅니다.

'상대의 의견과 가치관에 동의해야 한다'라고 생각하면 마음이 무거워지는 게 당연합니다.

하지만 타인을 이해하는 일은 훨씬 더 가벼운 일입니다.

'그런 점이 나와 다르구나'라고 이해하기만 하면 됩니다. '사람마다 의견과 가치관이 참 다양하구나'라고 인정하기만 하면 여러분 자신이 인간적으로 충분히 성장할 수 있습니다.

물론 그 사람 자체나 그의 의견을 '좋다, 나쁘다'로 판단할 필요도 없습니다. 있는 그대로 받아들이기만 하면 됩니다.

굳이 '공감'을 하고 싶다면 "당신의 의견과 가치관은 그렇군요"라는 정도로만 공감하면 됩니다(이것은 '동의'와는 전혀 다릅니다).

나는 나, 상대는 상대입니다. 구분하여 생각하면 정신적으로 편해집니다.

이 세상에 똑같은 사람은 없습니다. 다른 게 당연합니다.

그 사실을 인정하고 상대를 사랑으로 이해합시다.

후기

누르기만 하면 이해력이 쑥쑥 올라가는 버튼이 있다면 얼마나 좋을까요?

하지만 아쉽게도 인간의 뇌 구조는 그렇게 단순하지 않습니다.

이해력을 강화하는 데 필요한 요소는 매우 다양합니다.

정보를 받아들이는 능력, 상상력, '이해 상자'를 정리하는 능력, 목적의식, 문맥 이해력, 동기를 유지하는 능력 등 다양한 요소가 서로 얽혀서 작용합니다.

이 책에서는 지금까지 그 요소들을 간단하게 소개했습

니다.

단 하나의 버튼으로 이해력을 강화시킬 수는 없지만, 뒤집어 말하자면 여기서 소개한 수많은 요소의 스위치를 하나하나 누르기만 하면 이해력을 확실히 강화할 수 있다는 뜻입니다.

지금까지 말씀드린 것 중 여러분에게 부족한 요소는 무엇입니까?

사람에 따라 '말을 꾸준히 입력하는 성실성'일 수도 있고 '능동적으로 생각하는 자세'나 '적극적으로 표현하는 용기'일 수도 있겠죠.

'대충 이해하기'의 벽을 넘기가 제일 어렵다는 사람도 있을 것입니다.

뭐가 됐든 자신의 '부족함'을 깨달았다는 점만으로도 대단한 발전입니다.

지금 깨달은 요소를 앞으로도 민감하게 의식할 테니까요.

이해력은 공부나 업무는 물론, 인생의 모든 측면을 지

탱하는 기반입니다.

쓰는 힘, 말하는 힘, 소통하는 힘, 행동하는 힘, 아이디어를 떠올리는 힘 등 다양한 관련 능력도 '이해력'이라는 기반 위에서만 제대로 발휘될 수 있습니다.

따라서 기반인 이해력이 향상되면 위에서 언급한 다른 능력들도 향상됩니다.

이해력을 키우기 위한 방침과 요령은 이미 다 말씀드렸습니다.

이제 여러분의 태도와 행동이 무엇보다 중요합니다.

이해력이 향상되면 여러분의 사회생활과 사생활이 긍정적으로 변화합니다.

그 과정까지 즐겨 보세요.

이해력이 향상되면 언제나 적확한 판단을 내릴 수 있게 되고, 문제해결력도 크게 향상됩니다.

물론 소통 능력도 몰라보게 향상되겠죠.

이해력은 인생을 긍정적인 방향으로 안내해 줄 초고속 승차권입니다.

이 책은 2020년에 출판된 『횡설수설하지 않고 핵심만 말하는 법』의 자매 서적으로 기획되었습니다.

'요약력'과 '이해력'을 무기 삼아 극도로 정보화된 이 시대를 경쾌하고도 강력하게 헤쳐나갑시다.

이전 저서 『횡설수설하지 않고 핵심만 말하는 법』에서처럼, 이번에도 일본 실업 출판사의 아라오 고지로(荒尾宏治郎)씨에게 큰 신세를 졌습니다. 이 자리를 빌려 진심으로 감사드립니다.

또 제 모든 힘의 원천인 아내 도모코와 딸 모모카에게도 마음을 전하고 싶습니다. 항상 고마워.

마지막으로 독자가 되어 주신 여러분께도 감사드립니다. 이해력이 나날이 향상되어 여러분의 인생이 눈부시게 빛나기를 기원합니다.

2022년 4월

야마구치 다쿠로(山口拓朗)

저자 소개

야마구치 다쿠로(山口拓朗)

전달하는 힘(말하기 · 쓰기) 연구소 소장. '야마구치 다쿠로 라이팅 살롱' 운영. 출판사에서 편집자와 기자로 일하다가 2002년에 독립. 26년간 3,600건 이상의 취재와 집필을 소화한 경력을 자랑한다. 현재는 집필 활동과 강연 및 연수를 병행하며 '1을 듣고 10을 아는 이해력 육성법', '호의와 신뢰를 획득하는 전달법 기술', '전달되는 글 쓰는 법' 등 실천적 노하우를 전하고 있다.

저서는 『횡설수설하지 않고 핵심만 말하는 법』, 『何を書けばいいかわからない人のための「うまく」「はやく」書ける文章術(무엇을 써야 할지 모르는 사람을 위한 '잘' '빨리' 쓰는 문장술)』[두 권 모두 일본실업출판사], 『伝わる文章が「速く」「思い通り」に書ける87の法則(전달되는 글을 '멀리' '생각대로' 쓸 수 있는 87가지 법칙)』[아스카(明日香)출판사], 『ファンが増える！文章術—「らしさ」を発信して人生を動かす(팬이 늘어나는 문장술 - '다움'을 발신하여 인생을 움직인다)』[고사이도(廣済堂)출판] 외 25권 이상. 중국, 대만, 한국 등 해외에도 15권 이상이 번역 출간되어 있다. 작문법, 전달법 노하우를 소개한 책이 많지만, 이 책처럼 '정보를 적확하게 이해하는 기술' 등 본질을 꿰뚫는 노하우를 담은 책도 좋은 평가를 받고 있다.

역자 소개

노경아

한국외대 일본어과를 졸업하고 대형 유통회사에서 10년 가까이 근무하다가 오랜 꿈이었던 번역가의 길로 들어섰다. 번역의 몰입감, 마감의 긴장감, 탈고의 후련함을 즐길 줄 아는 꼼꼼하고도 상냥한 일본어 번역가. 현재 번역 에이전시 엔터스코리아의 출판기획 및 일본어 전문 번역가로 활동하고 있다.

주요 역서로는 『사지 않는 생활』, 『이나모리 가즈오의 인생을 바라보는 안목』, 『마르쿠스 가브리엘 – 서로 이해할 수 없는 사람과 살다』, 『끌리는 문장은 따로 있다』, 『1분 전달력』, 『오스만 제국 – 찬란한 600년의 기록』, 『애널리스트에게 배우는 리서치 교과서』 외 다수가 있다.